JN010933

「子どもの権利条約」に基づいた

子どもが幸せになるための、別居・離婚・面会交流のすべて

木附千晶・福田雅章 著

CRC（子どもの権利条約）日本 監修

自由国民社

はじめに

この本を手に取ってくださったあなたは、きっと「子どもを傷つけない別居・離婚をしたい」と思っている方でしょう。もしくは、「別居・離婚が子どもにどんな影響があるかをきちんと知りたい」という方かもしれません。

別居・離婚という、人生の大変な局面においても、そのように子どものことを考え、子どもにとって最善の方法を探そうとしていることに深い敬意を表します。そんなあなたを親に持つことができた子どもは、本当に幸運です。

子どもがすくすくと成長するためには、「自分は両親から愛され、望まれて生まれてきた」という確信が必要です。両親どちらもが自分に顔を向け、愛してくれることを望んでいます。子どもの呼びかけに応え、愛してくれる親がいなければ、子どもは成長発達できず、持って生まれたあらゆる能力を伸ばすこともできません。それができなければ幸せな人生を歩むこともできません。これは、発達心理学をはじめとする科学的知見や離婚・別居をめぐる世界的な調査から明らかです。

だからこそ子どもの成長発達のための国際的な約束事である「子どもの権利条約（条約）」［注1］は、自然的な環境としての家庭、つまり実父母を重要視しました。条約前文で、家族を「社会の基礎的な集団」とし、「家族は子どもの成長及び福祉のための自然な環境として必要な保護や援助が与えられるべき」だと明言したのです。その具体的な内容として、「子どもが、その人格の完全なかつ調和のとれた発達のため、家庭環境の下で幸福、愛情及び理解のある雰囲気の中で成長すべきであることを認め、子どもが、社会において個人として生活するため十分な準備が整えられるべき」（前文）とも述べています。

しかし、別居・離婚家庭では、こうした家庭環境が失われてしまいます。だから条約は、別個に「親子不分離の原則」（第9条3項）および「共同親責任の原則」（第18条1項）を用意しました。そして、それらが守られていない日本に対して、条約に基づく日本政府審査後に出される『第4・5回総括所見』（２０１９年）で「共同親権（共同養育）を実現するために法律を改正し、別居親との人的関係及び直接の接触を維持する子どもの権利を常に行使できるようにせよ」という勧告を出したのです。

どうかあなたの子どもが、両親いずれからも「愛されている」と実感しながら日々、成長発達できますように。あなたの別居・離婚という選択が、子どもに幸福な人生をもたらすことを心より願い、この本を上梓します。

木附千晶

注１：外務省「児童の権利に関する条約」全文ＵＲＬ
https://www.mofa.go.jp/mofaj/gaiko/jido/zenbun.html

1章

別居・離婚を考え始めたら

1-1

「子どもを幸せにする」別居・離婚・面会交流のために

離婚は大きな喪失《そうしつ》体験です。結婚は、これからの生活や将来に希望を与えてくれますが、離婚はそれらのすべてが無残にも打ち砕《くだ》かれた失望感をもたらします。

期待や希望が大きかった分だけ、その衝撃《しょうげき》は大きく、「こんなはずじゃなかったのに」という悲しみや、「どうしてこんなことになったのか」という後悔が次々とわいてきます。幸せを奪った怒りを相手にぶつけたり、犯人捜しをしたくなります。「子どもから幸せな家庭を奪ってしまった」という罪悪感もあって、相手を責めたりもしたくなります。

事務手続きも待っていてくれません。離婚届、親権問題、面会交流、財産分与、引っ越しや姓が変わることにともなう雑務も膨大《ぼうだい》です。それらを、コミュニケーションがうまくいかない、だからこそ離婚を決意した相手と話し合いながらやっていかなければなりません。考えただけでも、気の遠くなる作業です。

こうした気の遠くなる作業を傷ついた心を抱えて、一つずつこなしていかなければならないのです。生活のためには仕事をしなければいけないかもしれないし、子どもの世話も放り出すわけにはいきません。考えることも、やることもたくさんあるのに、体は一つしかなく、使える時間はわずかです。何より、「ひとりぼっちになった（なる）」という孤独感があなたを不安にさせます。だれともつながっていなくて、だれも信じられないような気がして、前に進む勇気などとてもわいてきません。

両親の離婚は天地が崩れ落ちる出来事

見えない先行きが心配で、目の前のことも手につかないでしょう。倒れないよう、自分を支えているだけで精一杯で、周囲に目を配ることも難しくなるでしょう。夫婦の問題にとてもたくさんのエネルギーを注がなくてはいけないため、子どもにまでエネルギーが回らないこともよくあります。でも、忘れないでください。そんなあなたのそばで不安げな目をしてたたずんでいる子どもがいることを。

両親の離婚は、明らかなドメスティックバイオレンス（DV）や虐待があったようなケースを除いて、多くの場合、子どもにとって天地が崩れ落ちるような出来事です。子どもにとって両親は、この世で何よりも大切な存在です。いくつになっても、両親が仲良く、機嫌良くしていてくれることを願わない子どもはいません。そんな大好きなふたりが別れて、違う道を行くことを宣言するわけですから、子どもの心は深く傷つきます。両親の離婚という体験が、子どもの成長発達や人格形成に良くない影響を与えてしまうこともあります。

「だから離婚はやめよう」という話をしたいのではありません。「仮面夫婦より離婚の勧め」（31ページ）を読んでいただければわかるとおり、両親が「ただ一緒に暮らしていればいい」ということではないからです。冷たい夫婦関係やいつもけんかばかりしている家庭のなかで育つほうが、子どもにより深刻な影響を与えることもたくさんあります。

しかし、「親の離婚は子に大きなダメージとなることがある」ことを知っていてほしいのです。

子どもの成長発達に何が必要かを忘れずに

両親の離婚が、子どもにとって大きな傷にならないようにするには、「子どもの成長発達のためには何が必要か」をいつでも念頭に置きながら、離婚を進めていくことです。いつでも、どんな些《さ》細《さい》なことでも、子どもへの配慮を忘れないようにしてください。親にとってはどうでもいいように思えることでも、子どもにとっては重大なこともあります。

支えてくれる人を失って、新しい環境で、まったく違う生活を送らなければならないのは、あなただけではありません。子どもも同じです。ちょっと厳しい言い方ですが、親は、自分の都合《つごう》で離婚し、違う人生を生きることを選択しました。でも、子どもは違います。自分では望んでいないのに、親の都合で、慣れ親しんだ環境から引き離され、ときに関係性を失い、まったく新しい生活のスタートを強いられるのです。

大好きな大好きなお父さん・お母さんのどちらかとは、一緒には暮らせなくなります。もしかしたら、兄弟姉妹のように過ごしてきた幼なじみと二度と会えなくなるかもしれません。毎日共に眠っていた猫と離ればなれになるかもしれません。落ち込んだときに寄り添ってくれた犬を手離さなければならなくなるかもしれません。かわいがってくれたおじいちゃん・おばあちゃんとの関係もなくなってしまうかもしれません。大好きだった先生、楽しかった学校、頑張ってきた習い事や、毎日顔を合わせていた近所の人たちともお別れです。「これから自分はどうなるのだろう」と、子どもは怯《おび》えています。子どもには何の罪もないのに。

残念なことに、別居や離婚のプロセスでは、こうした〝子どもの目線〟が抜け落ちてしまいがちです。「離婚相談」をうたったインターネット・サイトなどをのぞいても、力点が置かれているのは親権や養育費など。「子ども」は後回しです。あるとしても、面会交流の回数や方法など実務的なことばかり。あろうことか「別居親に会わせないために」という、テクニックなどが載っていたりします。

もちろん、養育費は大切です。面会交流の取り決めも、忘れてはいけません。安易に会わせたら危険な別居親がいるのも事実です。だけれども何より大切なのは、「子どもが何を感じ、何を考えているか」をできる限り理解することです。そして可能な限り今までと同じように子どもが生活できるようにし、子どもが大切にしていたものから引き離されることを最小限にとどめることです。とりわけ、別れて暮らさざるを得なくなった別居親との関係性を今までと同じように維持できるかが重要になります。

今の関わりが子どもの未来を左右する

親の離婚に直面したとき、たいていの子どもは自分の思いや願いを正直には語りません。とっても傷ついていて不安なのに、いつも以上に陽気に振る舞う子どももいます。親に愛されなければ生きていけない子どもは、いつも親のことを気遣っています。離婚をめぐって疲れ、傷ついている両親を前に、子どもは自分の痛みを打ち明けることに躊躇《ちゅうちょ》します。これ以上、親に心配をかけたくないからです。

自分の意見が両親の争いに一石を投じるかもしれないとなれば、なおさらです。そんな状況が辛くて、自分の感情を感じないようにしたり、ひたすら現状維持のために頑張ったりします。もしかしたら、子どもは自分のなかに吹き荒れる嵐に圧倒されていて、どんな感情が渦巻いているのかが理解できなかったり、それを説明する言葉が見つからずにいるのかもしれません。だから、沈黙するしかないのです。

でも、心の奥底では、親がそんな自分の気持ちに気づき、きちんと自分の感情を受け止めてくれることを願っています。自分の不安や悲しみを理解し、それらをどうにかして取り除いてほしいと切望しています。

子どもの、語れていないメッセージは何なのか、いつも耳を澄ませていてください。そのメッセージは、ささやきのように小さく、聴き取りづらいこともよくあります。真摯《しんし》に向き合っても、「べつに」とか「とくに何とも思っていない」など、素っ気ない返事しか返してくれないこともあります。子どもは嫌なこと、心配なことを避けようとしてそんな返答をすることが少なくありません。子どもが何も言わないからといって、「何も感じていない」わけではないのです。

どうか「どんな思いも願いも自由に出していいんだよ」と子どもを安心させてあげてください。子どもが「自分の気持ちをきちんと受け止めてもらえる」と思い、話ができるように援助してあげてください。

何かを決定するとき、相手（配偶者）への感情が爆発しそうになったときには、そんな子どものことを思い出してください。

「子どものため」と言いながら、親の都合を優先させていないか、子どもを利用していないか、子どもはどう感じるか、常に考えてください。あなたと子どもは別の人格です。あなたが大嫌いな、憎い相手は、子どもにとっては唯一の、大事な親であることをわかってあげてください。あなたが相手を罵《ののし》れば、子どもは大きく傷つきます。そして、子どもには両親どちらもが必要であることを深く胸に刻んでください。

もちろん、どれもこれもとっても難しいことです。自分が辛い状況にあるときに、子どもの辛さまで理解し、手当てすることは至難《しなん》の業《わざ》です。うまくできないこともあるし、気づけないこともあるでしょう。「そんな理想の親なんかできない！」と、怒りもわいてくるでしょう。

それでも、忘れないでほしいのです。その今のあなたの関わりが、子どもの未来を大きく左右するのだということを。

（木附千晶）

1−2

子どもには両親の愛が必要

子どもは両方の親の「愛」を必要としています。愛されなければ、子どもの健全な人格形成や成長発達もあり得ません。その理由を心理学の視点から、少しだけ説明したいと思います。

子どもはだれかに世話をされなければ生きていくことができません。だから人間は、無力な子ども期を乗り切るために、自分を守ってくれる他者（養育者、多くの場合は両親）にくっついていき、その他者との間に情緒的な絆《きずな》を築いていきます。こうしたアタッチメント（愛着）理論の考えを提唱したのは、イギリスの児童精神科医ジョン・ボウルビィでした。ボウルビィは、第2次世界大戦後の戦争孤児の調査報告のなかで、養育者を失った子どもの精神・身体に発達の遅れが生じることを報告し、子どもは養育者（多くの場合は両親、とくに最も子どもを世話する役割を担うことが多い母親）との基本的な関係性であるアタッチメント（情緒的な絆）をベースとして全人的な発達を遂げると述べました。

子どもは、怖い思いをしたり、疲れたり、病気になったりしたとき、養育者に近づくことで、その恐怖を鎮《しず》め、安心感や安全感を回復させようとします。そうした子どもの「守ってくれる者にくっつこう」とする行動（アタッチメント行動）――泣く、笑う、甘える、抱きつくなど――によって、養育者の側には「子どもの不安を緩和してあげたい」という感情が芽生え、子どもを慰《なぐさ》め、その不安や恐怖を取り除くための行動が呼び起こされます。

子どもと養育者の間で、このような相互作用が繰り返されることで、絆が強まっていき、養育者は子どもにとって〝特別なおとな〟になっていきます。子どもにとって養育者が、何か危機的な状況が起こったときに「安心感・安全感を得られ、エネルギーを充塡《じゅうてん》できる場所」である安全基地としての役割を担《にな》うようになります。

こうした安全基地となる養育者との関係性によって、子どもは、外界からの刺激による恐怖を収める感覚（情動コントロール）を学び、「自分は守られるべき大切な存在である（自己肯定感）」という感覚を手に入れます。「自分は守られている」という安心感や、「世の中は自分を受け入れてくれている」という基本的信頼感を育て、「求めれば他者は助けてくれる」という対人関係パターンを学びます。自分の恐怖や不安に共感し、手を差し伸べてもらった経験から、やがて他者の痛みに共感し、他者とつながり、他者を助ける人へと成長していきます。「戻ることができる安全な場所（安全基地）がある」という確信が、外の世界を探索する勇気を持つことや新しい物事にチャレンジすること、自律的に自分らしい人生を歩むことを可能にしていきます。

健全なアタッチメントが持つ機能・有用性

健全なアタッチメントが持つ機能や有用性は、神経生物学や神経生理学の発展によって、１９９０年代以降さまざまな解明がなされてきました。親との情緒的な相互交流によって築かれる健全なアタッチメントが脳（心）の発達や人格形成に不可欠であることがわかり、とくにアメリカでは臨床心理学を中心に心理学の分野でとても注目されるようになりました。

親と愛情ある交流が持てず、健全なアタッチメントが築けなかった場合には、情動のコントロールがうまくできず、攻撃性が高くなったり、思春期以降の自傷行為、アルコールや薬物への依存、自殺念慮《ねんりょ》をともなううつ状態、境界性人格障害をはじめとする人格上の歪《ゆが》みなどといったさまざまな精神的・心理的問題を引き起こしやすくなります。つまり、親と健全なアタッチメントを築けたかどうかが、その後の人格形成や生涯に影響を与えることも明らかになってきたのです。

かつて日本では、「3歳児神話」というものがありました。子どもが最も強い情緒的な絆を結びやすい母親と、健全なアタッチメントを築くためには、「母親は子どもが3歳になるまでは育児に専念したほうがよい」という誤解です。

これについては、ボウルビィ自身が「（母親以外の）数人の養育者との間で健全なアタッチメント形成が可能」と言い、その後も発達心理学の領域では3歳児神話に異論が唱えられています。近年の研究では、母親以外の人物と健全なアタッチメントを形成することの積極的な意味の探求が続いており、母親だけでなく複数の人と関係性を持つ子どものほうが、その後の成長発達に良い影響があるという結果もあります。

さらには、精神の健康を維持するための健全なアタッチメント関係が必要なのは乳幼児期だけではなく、成人以後も、安心できる関係性が必要だということもわかってきました。

父役割と母役割

「父役割、母役割」とか「父性性、母性性」という言葉があります。一般に母性性は「すべてを包み込み、慈《いつく》しみ受容する」などの機能を持ち、父性性は「社会の知恵や掟《おきて》を教え、切断する」機能があると言われています。

ここで注意しておきたいのは、「父役割、父性性＝男性が担うもの」「母役割、母性性＝母親が担うもの」というような、性別としての役割分担ではないということです。子どもには、こうした父性性や母性性を持った関わりが必要ですが、たとえば父役割を母親が果たしてもいいし、その逆もあり、です。また、シングル家庭などでは両方の役割をひとりで担う場合もあるでしょう。

ただし、それぞれの役割は補完的で、ひとりで両方の役割を担うことはとても大変です。近年、父親が子どもと過ごした時間の長さや父親と暮らしているかどうかが、子どもの共感能力や学業成績、自殺、不安や抑うつ、薬物濫用などの問題とも関係するという研究結果が出てきています。いずれの場合も、父親が養育に積極的なほうが、子どもにより良いものをもたらしていました。その理由はまだきちんとは解明されていませんが、これらの研究結果を著書（注1）で紹介しているアメリカの社会学者ワレン・ファレルは、「父親と母親の子どもへの貢献の仕方は違い、両方の親がいると子どもは有効な二人の親を持つ傾向がある」として、興味深い意見を述べています。

「例えば、母親が遊ぶとき、彼女たちは子どもの注意をより遊びに向かせ、子どものペースで続けさせる。母親の遊びは感情的な安心と個人の安全をもっと強調する傾向がある——子どもにブランコをあまり高くこぎすぎないよう注意するように。父親はもっと彼らにどうやって高くこぐか、一番高いところで飛び降りるか教え、常にセーフティネットを張りながらもそれを子どもに感じさせずにする」（注1／87ページ）

つまり、同じブランコ遊びをするにしても、父親と母親では、子どもへの関わり方が違い、それによって子どもが伸ばしていく能力が違う、というのです。

両親の「愛」は幸せに生きていくためのカード

何より子どもにとって、父親と母親は両方とも「自分を自分たらしめる欠かせない存在」です。血を分けた親がどこにいて、どんな人なのかもわからない非配偶者間人工授精（Artificial Insemination with Donor's semen：AID）で誕生した人たちが、必死に自身のルーツを探すのは、それがアイデンティティに関わる重要な問題だからです。「いったい自分の本当の親はどんな人なのか」がわからないと、「自分は何者か」という確信が持てず、アイデンティティに揺《ゆ》らぎが生じます。

たとえどんなにとんでもない人物であったとしても、社会的にはまったく許容できない人間であったとしても、子どもが、自分はどんな親から生まれ、その親は今どうしているのかを知りたいと願うのは、ある意味当然です。どんな親でも、子どもにとっては唯一無二の存在であり、自分の一部なのですから。

今、素晴らしい育ての親と暮らしていても、「実の親に捨てられたのではないか」「自分は愛されず、望まれずに生まれてきたのではないか」という思いは、人知れず子どもの心に影を落とします。子どもが「自分は両親に愛されて生まれてきた」という確信を持つことは、子どもが今後、幸せに生きていくために不可欠です。どちらかの親と会えなくなることで、親からの愛に疑いを持つようになれば、子どもは生涯にわたって幸せに生きるための重要なカードの1枚を失ってしまうのです。

（木附千晶）

注1：『ファーザー・アンド・チャイルド・リユニオン　共同親権と司法の男性差別』（ワレン・ファレル著／久米泰介訳：社会評論社）

1-3

別居・離婚が子どもに与える影響

海外、とくにアメリカでは１９７０年代から親の離婚が子どもの発達に与える影響についての研究が盛んに行われてきました。その背景には、１９６０年代から離婚するカップルが増え、１９９０年代終わりには、およそ5〜6割の子どもが、18歳になるまでの間に親の離婚を経験するという現実がありました。日本でも１９９０年代以降、離婚は増加傾向で、昨今では3組に1組のカップルが離婚すると言われています。そのため日本でも、近年は親の離婚が子どもに与える影響や面会交流に関する研究も行われるようになってきました。結婚・離婚をめぐる考え方や制度には、国による差や文化差がありますが、国や文化が違っても子どもの発達に必要なものは同じです。愛され、世話されなければ、子どもはきちんと育つことができませんから、親の離婚が子どもに与える影響、子どもが親の離婚をどのように受け止めるかも、変わりはないでしょう。

アメリカでは、親の離婚が子どもに及ぼす影響について、「比較的短い時間（数年）で立ち直り、適応することができる」という見解もあれば、「立ち直りには時間がかかり、ずっと消えない影響を受ける」というものもあります。こうした95の研究（1万３０００人の子どもを対象）を集めて統合し、解析した結果をもとにした研究もあります。（注1）それによると、親の離婚は子どもに特有な、社会的・情緒的・学業的なリスクをもたらすことがわかりました。規則に従い社会的に受け入れられるように振る舞うという行動面での問題、心理的適応の問題、学業不振、友人関係の問題、抑うつ、低い自己評価など、さまざまなリスクが高まることが明らかになったのです。

離婚していない家庭では、深刻な心理的・社会的問題を示した子どもの割合は10％でしたが、離婚家庭では20～25％と、倍以上になりました。最も深刻だったのは、学業不振、多動、かんしゃくを起こす、品行問題、攻撃性や反社会的行動などで、離婚家庭の思春期直前の子どもは攻撃的行動や反抗、学校不適応や学業不振などがより高い確率で現れました。

こうした傾向について、「親の離婚後数年ですむ問題ではない」と指摘したのは、離婚が子どもに与える影響について詳しいアメリカの心理学者ジュディス・ウォーラースタインです。ウォーラースタインは、カリフォルニア州に住む離婚した家族とその子どもたちを25年にわたって調査し、「別居や離婚は子どもに『両親から捨てられる』という不安を感じさせる」と述べました。

その調査において、離婚から5年後の調査では、立ち直っていた子どもは3分の1で、3分の1以上の子どもの状態は以前よりも悪くなり、睡眠障害、学業不振や問題行動が慢性化していました。10年が経っても（成人していても）、多くの子どもたちが親が離婚した当時の記憶を鮮明に保っており、悲しみや親への憤《いきどお》り、喪失感を持ち続けていました。さらに25年後の調査では、「親の離婚は子どもにとって累積的効果を及ぼす。その影響は発達段階ごとに新たにまた違ったかたちで現れる」とも述べ、親が離婚したときが子どもの困難のピークではなく、その影響は積み重なっていき、異性との恋愛が中心になる成人期に最も問題になるというのです。（注2）

ほかにも、親の離婚が生涯にわたって、子どものライフコースにまで影響を及ぼすという経年調査結果があります。親が離婚していない家庭で育った人たちと比べ、親の離婚を経験した人たちは、心理的適応度、教育程度、職業上のステイタス、生活水準、結婚生活における満足度などが低く、離婚やひとり親になる危険性が高く、行動上・健康上でもより大きな問題を抱えていました(注3)。

「何が子どもの立ち直りを邪魔するのか」理解する

だからといって、「親の離婚は必ずしも子どもを不幸にする」というわけではありません。ウォーラースタインの調査でも、3分の1の子どもは5年後には立ち直っていました。ほかの研究でも、親の別居や離婚を経験した子どもは、1年目には混乱したり不安定に陥《おちい》ったりするけれど、2年目には徐々に落ち着きを取り戻し、2〜3年で親の離婚という危機を乗り越えるとされています。ここで重要なことは、「親の離婚から比較的早く立ち直る子どももいれば、そうでない子どももいる」という事実です。つまり親の離婚という経験は、「時が経てば自然と解決する問題ではなく、立ち直りには何らかの要因が存在する」ということです。

親の離婚という衝撃から早く立ち直った子どもと、そうでない子どもは何が違うのでしょう。子どもが、生涯にわたって負の影響を受けないためには、何が必要なのでしょうか。その要因を周囲のおとながきちんと理解し、子どもをサポートする必要があるということです。もちろん、子どもが生まれながら持っている気質・性格も影響するでしょう。兄弟姉妹でも、親の離婚によって受ける影響はさまざまです。親の離婚を経験したときの年齢や性別によっても違いが出ると言われています。たとえば、通常、就学前の子どもたちは激しく動揺し、分離不安や退行（今までできていたことができなくなること）という、〃子ども返り〃のような状態になります。対して、年長の子どもは、親への怒りや落ち込み、無力感などが強くなり、学業不振に陥りがちです。また、一般に女の子のほうが立ち直りが早く、男の子のほうが学業不振や行動上の問題を抱えがちであることが、多くの調査から指摘されています。

これらを「仕方のないこと」と言ってしまったら、それはおとなの責任放棄です。もし別居・離婚を考えているのであれば、おとなとして、親として、「いったい、どのような要因が子どもの立ち直りをうながすのか」、逆に言えば、「何が立ち直りを邪魔し、ダメージを長引かせるのか」をしっかりと把握しなければなりません。そして、自分（おとな・親）の感情や利益ではなく、子どもを優先させ、子どもにとって最も利益になる道を選択できるよう、最大限努力することが必要です。それこそが子どもを幸せにするための別居・離婚のために、忘れてはならないことなのです。

「両親の争い」は大きなマイナス要因

海外だけでなく、日本においても、あらゆる研究が示す最大のマイナス要因は「両親の争い」です。これは何も、別居・離婚家庭に限ったことではありません。非離婚家庭においても、両親の争いが、子どもに深刻な影を落とすことはよく知られています。

とくに子どもをめぐる争いが、子どもにとって最悪で、多くの行動上の問題や心理的問題を引き起こします。（注1）たとえば親権や監護権を争う、というような場合です。子どもは争いの板挟みとなり、どちらに味方し、どちらの肩を持てばいいのかと悩みます。自分が、大好きな両親の争いの種であるように感じ、罪悪感や自己否定感にさいなまれます。

私がカウンセリングの場で出会った面会交流に拒否的な子どもには、どちらか（多くの場合は同居親）に味方しなければいけない状況下で、片方の親（別居親）を切り捨てるため、「別居親は会うに足らない不要な人間である」と、必要以上に別居親を否定的にとらえ「ダメ人間」と断罪したり、恐ろしいモンスターにつくりあげようとしたりする子どもが少なくありませんでした。また、「別居親が（自分のことを）諦めてくれさえすればもっと平和に暮らせるのに」と、別居親への憎しみや嫌悪感を募《つの》らせる子どももいました。

日本で行われた研究でも、父母の離婚後、どちらかを選ぶよう迫られた子どもが環境にうまく適応できなかったり、同居親から別居親の悪口を聞くうちに別居親に怒りの感情を抱くようになり、同居親の相談役を果たすようになったケースが報告されています。また、未成年期に親の離婚を経験した20代へのインタビュー調査で、ずっと苦悩を抱えている人の特徴として、離婚後も両親の争いが続き、その争いに巻き込まれていたということがわかっています。

また、離婚後の子どもの養育に関する父母の関係性（コペアレンティング）が対立的であるなど、葛藤が高いと、子どもに行動面で困難を引き起こさせたりすること、別居親との面会交流や、同居親の前で別居親を話題にすることにためらいを感じさせたりすること、また親に甘えられなかったり、早くおとなにならなければならないと感じさせたりすることが報告されています。これら一連の研究結果は、離婚後の父母の葛藤が子どもの適応を直接低下させることを示し、それは欧米の研究結果ともほぼ一致します。一方、父母が協力的だと、別居親と子どもの関係性を良好にし、子どもの日常への適応も良くなっています。（注4）

片親（父親）不在の影響

次にマイナスとなるのが「片方の親（別居親）の不在」です。［1－2］の「子どもには両親の愛が必要」（16ページ）を読んでいただければわかるように、子どもには父親・母親両方の関わりが必要です。ところが、離婚・別居によってそのいずれか、たいていは父親不在の状態に陥《おちい》ります。

海外における父親不在の子どもの研究では、自尊感情が低かったり、他者、とくに異性との関係がうまく築けなかったりするという報告があります。とくに男の子の場合は、学業不振や攻撃性の高さ、男性としてのアイデンティティ確立の困難などの問題が指摘されています。（注5）

日本では、不安や抑うつ、衝動的な行動、暴力などの攻撃性が高まるという研究があります。それは、面会交流の制限が子どもの発達にマイナスの影響を与えるとか、面会交流がないと自己肯定感や他者と深く関わる能力（親和性）などが育ちにくくなるという結果とも重なります。（注4）

考えてみれば当然のことです。子どもにとって父親は自分の半身です。その父親が、いなくなってしまうのです。必ずしも父親の意図する結果ではなくても、子どもには「捨てられる経験」にほかなりません。子どもにとって最も辛いこの経験は、子どもが「自分は大切な存在だ」と実感することから生じる自己肯定感や、痛みを受け止めてもらう（共感してもらう）ことで育っていく他者とつながる力（共感能力）を損《そこ》ねます。「この世界は、大変なことがあれば、自分に手を差し伸べてくれる信頼できる世界である」という基本的信頼感も持てなくなります。自分は愛されていない存在だと考え、他者を信用し、その力を借りながら、関わっていくことが難しくなってしまうのです。

こうした事実を知れば、子どもに「両親のどちらかを選ばせる」単独親権や、「子どもが（面会を）拒否しているのだから」と、簡単に子どもと別居親が会う機会を奪うことが、どれほど残酷《ざんこく》なことかがわかるでしょう。本当はだれよりも愛されたい、愛している親を〝自分の意思で〟捨てざるを得なかった子どもは、大きな罪悪感を抱え込みます。そして、その罪の意識を封じ込めるために、さらに別居親を貶《おとし》め、否定するという悪循環に自らはまっていきます。

片親の不在が生む経済・教育の貧困

こうした片親（父親）の不在は、貧困などの経済的な問題、それによって起こる受けられる教育の質の低下や経験できることの質や豊かさなどとも関係していきます。離婚し、ひとりで子どもを育てている世帯の貧困率は48・１％と、かなりの高水準です。なかでも厳しいのは母子世帯で、その年間総所得は３０６万円。これは「子どものいる世帯」の41％にとどまっています。（注６）

親の経済的貧困は、教育の貧困につながり、教育の貧困は、その子どもの職業選択や将来の生活に直結します。日本はＯＥＣＤ（経済協力開発機構）諸国のなかでも教育費が高額です。それなのに教育への公費負担が少ない国です。少子化で在学層は減っているのに、国内総生産（GDP）に占める国の教育公費負担（初等教育から高等教育まで）はOECD平均4・9％より低い4・0％にすぎません。ところが、公費負担と家計支出を合わせると1人当たりの年間教育支出は、1万1896ドルでOECD平均1万1231ドルを上回ります。[注7] 高額な教育費を捻出できない家庭の場合、子どもはおのずと高い教育を受けたり、さまざまなものを吸収していく機会を奪われてしまいます。

奨学金という方法もありますが、日本の奨学金のほとんどは貸与型で、返済義務があります。高額の借金を背負って生きていかなければならないのです。こうした状況は、職業選択の足かせになったり、配偶者選択や結婚、出産、子育てにも影響を与えていくでしょう。

経済的影響は、受けられる教育だけにとどまりません。お金があれば、たとえば親が忙しいときにシッターを雇ったり、子どもとの時間を確保するために家事代行サービスを利用したりもできます。トラブルがあったときには、専門家を探したり、頼ったり、お金の力を借りて解決することもできます。お金があれば子どもが幸せになるわけではありません。でも、お金によってできることがたくさんあるのも事実です。

ひとり親の経済的貧困を解消するものの一つに養育費があります。2011年に民法766条が改正され、若干ながら養育費の支払い状況は改善されました。しかし、いまだ母子世帯24・3％、父子世帯3・2％と、全体の4分の1にも届いていません。[注8] 余談になりますが、養育費に関する大学生を対象とした調査によると、養育費を受け取っている人たちは、受け取っていない人たちに比べ、「結婚に関する興味」や「子供がもたらす豊かさ」が高い傾向にあります。[注4] 養育費の支払いは、子どもを経済的に豊かにするだけでなく、「別居親も自分のことを考えてくれている、愛してくれている」という思いを子どもに持ってもらうことにつながり、「片親の不在」というマイナス要因の払拭《ふっしょく》にも役立ちます。

（木附千晶）

注１：『別れてもふたりで育てる　子どもを犠牲にしない離婚と養育の方法』（ジョアン・ペドロ-キャロル著／丸井妙子訳：明石書店）

注２：『セカンドチャンス 離婚後の人生』（ジュディス・Ｓ・ウォーラースタイン、サンドラ・ブレイクスリー著／高橋早苗訳：草思社）

『それでも僕らは生きていく─離婚・親の愛を失った25年間の軌跡』（ジュディス・Ｓ・ウォーラースタイン、サンドラ・ブレイクスリー、ジュリア・Ｍ・ルイス著／早野依子訳：ＰＨＰ研究所）

注３：『離婚で壊れる子どもたち　心理臨床家からの警告』（棚瀬一代：光文社新書）

注４：「父母の離婚後の子の養育の在り方に関する心理学及び社会学分野等の先行研究に関する調査報告書」（国立大学法人富山大学　令和3年11月）

注５：『離婚しても子どもを幸せにする方法』（イリサ・Ｐ・ベイネイデック：キャサリン・Ｆ・ブラウン著／高田裕子訳：日本評論社）

注６：「ひとり親家庭の現状と支援施策について～その1～」（厚生労働省　子ども家庭局家庭福祉課　令和2年11月）

注７：２０２０年版『図表でみる教育』（ＯＥＣＤ）

注８：「養育費・面会交流に関する関連調査に関して」（法制審議会家族法制部会参考資料　２０２１年7月）

1－4 仮面夫婦より離婚の勧め

「子どものために離婚だけはしたくない」

そんな話をよく聞きます。もちろん、子どもが、大好きな大好きな〝両親と暮らす〟ことはとても大切です。「両親がそろっているほうがいいか」「そうでないほうがいいか」と尋《たず》ねられれば、答えは間違いなく前者です。

しかしそれは、「両親共に一つ屋根の下で暮らしていればいい」という意味ではありません。両親がつくる家族が、家族としての機能をきちんと持っているかどうかが重要になります。具体的に言えば、そこに帰れば安らぐことができたり、慰《なぐさ》められたりし、具合が悪かったり落ち込んでいたら気にかけてもらい、エネルギーを充塡《じゅうてん》できる場所に家族がなっているのかということです。

そんな家族をつくっていくためには、まずは両親がお互いを尊敬し合い、尊重し合っていなければなりません。支え合ったり、励まし合ったり、エネルギー交換をし合ったりできるような関係……つまり愛し合っている必要があります。ときにけんかをしたり、争ったりすることはあるでしょう。でも、少し時間が経てば落ち着いて話し合うことができ、きちんと謝ったり、仲直りをしながら、「一緒にやっていく」意思を示し合えるような関係でなければならないのです。

夫婦関係は崩壊しているのに、「子どものため」と結婚を続けることは、子どもにとって残酷です。子どもに両親の壊れた結婚の責任を負わせることになりますし、子どもが「自分のせいで両親は別れられない」と、自分を〝両親の不幸の元凶《げんきょう》〟のように感じることもあるでしょう。

「愛情及び理解ある雰囲気」を提供できない家族

関係性が壊れた夫婦がつくる家族は、本来、家族が子どもに提供するべき、「愛情及び理解のある雰囲気」（「子どもの権利条約」前文）を与えられません。子どもは両親のことが心配で、安心してわがままを言ったり、思いや願いを表現するなど、〝子どもらしく〟生きることができなくなります。こうした家族には、諍《いさか》いやトラブルが絶えず、いつもひんやりとした空気が漂《ただよ》っています。子どもは常に両親の罵《ののし》り合いの渦中に置かれていつもビクビクしています。冷たい雰囲気のなかでは気持ちが休まる間もないでしょう。アメリカをはじめとする、いくつもの先行研究では、ＤＶや虐待などの暴力や恐怖が渦巻いている家庭で暮らしていた子どもの場合、父母が離婚して、そうした環境から離れたことで、子どもに良い影響があったことが明らかになっています。

「自分が心配をかけたら、かろうじて維持している家族が壊れてしまうかもしれない」などと考え、次第に子どもは自分の思いや願いを後回しにし、親の機嫌や顔色をうかがうようになっていきます。親を気遣う、一見、親孝行な良い子になったりします。親を喜ばせようと異常なまでに勉強したり、おとな社会が期待する結果を出そうと頑張ります。

負のスパイラルへ

一方で、いつでも両親のことが気になり、家族のことで頭がいっぱいになっているので、平気な顔を装っていても、心は常に落ち着かず、授業に集中できなかったり、ボーッとしてしまったりして、成績が伸びない、学力が身に付かない、というようなことも起こります。不安が強いためイライラし、攻撃的だったりして友だちづきあいがうまくいかないことも多々あります。そのため、「発達障害」と思われてしまうこともあるでしょう。また、まだ現実的な判断能力がおとなほどには育っていない子どもは、「自分のせいで両親は仲が悪くなった」と考えたり、「こんなに大変なのに、自分がいるから両親は離婚できないのだ」と、不要な罪悪感を持ってしまったりもします。

そんな子どもの辛い状況に両親は気づけません。自分たちのことで精一杯で、子どもがどう感じているかなど、考える余裕もないからです。へたをすると子どもを自分の味方につけようと配偶者の悪口をすり込んだり、哀れを誘って子どもの気を引いたりということも起こります。

おのずと子どもの思いや願いはおざなりになり、子どもは「自分は愛されている」という感覚を持てないまま成長することになります。そして、自己肯定感が低い人間、すなわち「愛される価値のない人間」と思って生きていくことになります。その信念は、その後の人間関係に大きな影を落とします。「必要とされる人間になりたい」と、自分を犠牲にしてだれかに尽くしてしまったり、ひとりになることが怖くて、安全でない他者にしがみついてしまったりします。他者に認められようとボロボロになるまで頑張る人になってしまうかもしれません。

自己イメージだけでなく、結婚へのイメージも良くないものになってしまい、愛し、愛される人とともに幸せに生きていくということが難しくなります。そして、自分が両親から受け取ったものをそっくり、自分の子どもへと渡してしまうという負のスパイラルに陥っていきます。

「子の親」としていい関係を築く

たとえ表面上は仲の良い夫婦を装っていても、子どもの目の前ではけんかをしていなくても、冷え切った夫婦の雰囲気はちゃんと子どもに伝わります。

仲の良いふりをしたり、けんかをしたのになかったことにしていると、子どもはますます両親についての心配事を口にすることができなくなります。家のなかのことを話題にするのはタブーであると学習していき、無意識のうちに「問題があってもそれについて話し合い、問題解決をはかったり、関係性をつくっていくのではなく『問題などなかったこと』にして何かで気を紛らわせるしかない」と思って育っていきます。そして、心配事や問題事から気持ちをそらすために、ゲームやお酒や賭け事、仕事などに没頭する、孤独なさみしい人間になっていきます。子どもにこんな良くない影響を与える夫婦関係を続けるくらいなら、別居・離婚に踏み切るほうがいいのです。

離婚をして適度な距離感ができると、お互いの良いところに目が行くこともあります。夫婦としては難しくても、「子の親」として良好な関係を築くことはいくらでもできるのです。（木附千晶）

1－5

子どもにダメージを与えない別居・離婚を目指す

ここまで、何より大切なことは、「親の別居・離婚にともなうマイナス要因をいかに取り除くか」であって、「親の別居・離婚が必ずしも子どもに取り返しのつかないダメージを与えるわけではない」ことをお伝えしてきました。逆に、父母の不和が深刻だったり葛藤《かっとう》が高かったり、暴力などがあるときには、離婚したほうが良い影響を与えることもあり、必ずしも結婚生活を続けることが子どもにとっていいわけではないということも、お話ししてきました。

子どもには、①安心できる生活（家庭）、②仲の良い（争わない）両親、③父親・母親両方からの愛情ある関わりが必要です。それらを子どもに保障してあげることさえできれば、親の別居・離婚に遭遇《そうぐう》したとしても、子どもは立ち直ることができます。ここでは、別居・離婚に向かうプロセスのなかでも、どうしたらこの三つを子どもに与えてあげられるかを考えたいと思います。

離婚についてきちんと説明する

調査や研究によると親の離婚についてきちんとした説明を聞いていない子どもがほとんどです。私の臨床経験のなかでも、親が「きちんと子どもに説明した」というケースはまれでした。その理由について尋ねると、「子どもにはまだ理解できない」「伝え方がわからない」「真実を知らせるのはかわいそう」「わざわざ言わなくても子どもはわかっている」などという答えが返ってきました。

たしかに、子どもに別居や離婚について話すことはハードルの高い行為です。話し方やタイミングも年齢や発達度合いによって変わってきます。年長の子どもの場合には、子ども自身が気持ちや生活を整理できるよう、早めに伝える必要がありますが、小さな子どもの場合には、そうでないほうがよかったりします。そもそも幼い子どもには、離婚という概念は理解できません。

しかし、自分の生活が変化しようとしているということは肌で感じます。そして、体調不良や機嫌の悪さ、食欲不振や睡眠の乱れ、夜泣きやかんしゃく、今までできていたことができなくなる(退行)などによって、言語化できない不安を表現します。

たとえ3歳未満の子どもであっても、何が起きているのか、これからどうなるのかということをきちんと説明してあげましょう。「パパは別のおうちで暮らすことになるけれど、ママは今までどおり一緒にいるよ。そしてパパにもいつでも会うことができるよ」などというように。世の中には『恐竜の離婚　変わっていく家族のために』(注1)や『ココ、きみのせいじゃない——はなれてくらすことになるママとパパと子どものための絵本』(注2)のように、年齢に合わせた説明を助けてくれる本なども出版されています。

もう少し年長の子どもには、家族が変わっていくことについて、生活が変わることについて、少し具体的に説明してあげましょう。小学校低学年くらいになると、少しずつ論理的な思考ができるようになります。小学校中学年になると、離婚という抽象的概念も理解できるようになります。

「離婚について話すことは子どもを傷つけるのではないか」とか、「子どもに責められるのではないか」などと思い、言い出せないと躊躇《ちゅうちょ》する親も多いようです。でも、親が話さないということは、子どもには「このことに触れてはいけない」というメッセージになってしまいます。タブー化してしまうと、子どもは、気になっていることや心配していることがあっても、口に出せなくなってしまいます。

子どもにいろいろ聞かれたり、責められたりするかもしれませんが、離婚は親の都合です。親の勝手で、子どもの世界、子どもの生活を激変させてしまうのです。子どもが納得がいかなくて当たり前です。子どもの怒りや不満をきちんと受け止めてあげることが、子どもとの信頼関係をつくり、「何があってもパパ・ママは自分の思いにちゃんと耳を傾けてくれる」「パパ・ママはちゃんと自分のことを考えてくれている」という安心感につながります。

それに、夫婦関係が破綻《はたん》したことをきちんと子どもに伝えていないと、子どもはいつまでも「いつか元どおりに暮らせるようになるのではないか」という望みを捨てきれません。私が知っているある子どもは、両親の別居・離婚から10年近く経っても、「また家族で暮らせるのでは」というはかない望みを捨てきれず、両親の仲を取り持つことに必死で、自分の人生を生きられずにいました。子どもにそんな足かせをはめないためにも、離婚についてきちんと説明することはとても重要です。

相手の悪口を言わない

離婚について子どもに説明するときに気をつけたいのは、「相手の悪口を言わない」ということです。簡単そうに聞こえるかもしれませんが、これが案外難しいのです。あなたは離婚について客観的に話しているつもりかもしれませんが、うっかりすると「お父さんはほかの女の人と一緒に暮らしたいと言うのよ」とか、「お母さんがもう少し家事をやってくれていたら、こんなことにはならなかった」など、相手の人格否定や誹謗中傷《ひぼうちゅうしょう》を子どもに伝えてしまっていることがよくあります。

結婚生活の破綻《はたん》はあなたにとっても辛いことです。ついつい犯人捜しをしたくなったり、被害者意識から、「自分は悪くない。悪いのは相手である」と子どもに理解を求めてしまいがちです。寂しさや孤独感、相手に「仕返ししてやりたい」という思いから、子どもに味方になってほしくて、事細かに離婚の経緯や、あなたの怒りや不満を話してしまうこともあり得ます。

それは本当のことかもしれません。少なくともあなたにとっては紛れもない真実でしょう。でも、愛する親から、やはり同じように愛しているもうひとりの親の欠点を聞かされた子どもは深く傷つきます。あなたをうんと愛している子どもは、無意識のうちにあなたの味方をしなければならないと思うようになったり、辛い思いをしているあなたのカウンセラー役を務めようとしたりし始めるかもしれません。

それは一見、〝親思いの良い子〟に見えるかもしれませんが、本来子どもは、親にケアされる存在であって、親をケアするものではありません。親をケアしなければならなくなった子どもは、親が心配で、自分の思いや願いを表出し、それを親に受け止めてもらうという、人格形成に必要な親子関係を持てなくなります。そんなあなたの言動が、もしかしたら、もうひとりの親を捨てる決心を子どもにさせることにもなりかねません。結果的に親の争いや片親を切り捨てる状況に、子どもを追い込むことになり得るのです。

子どもに責任を負わせない

「子どもの気持ちを尊重したい。だから離婚するかどうかは子どもの意思に委《ゆだ》ねる」とか、「子どもと相談して決める」という話も、カウンセリングの場でよく聞きます。ぱっと見は、「子どものため」のように感じますが、実際には、とても非情な行為です。親の離婚もしくは結婚生活の責任を子どもに負わせるのですから。

もし子どもが、「離婚してほしくない」と言ったからと、葛藤《かっとう》の高い不仲の結婚生活を続けていけば、不幸な両親の人生は、〝子どものせい〟になります。子どもは「自分さえいなければ、両親はもっと幸せな人生が歩めたのではないか」と、苦しみます。反対に、「離婚してほしい」と言ったときも同様です。たとえば離婚によって、ひとりで生計を立て、生活を回すために、疲れ切り、余裕を失った親の姿を見ることは子どもにとって辛いことです。離婚調停等、離婚にまつわる煩雑《はんざつ》な手続きなどが大きな負担になっていることを気にする子どもも少なくありません。そうしたなかで、「自分の意見が親の負担を増やしてしまった」と子どもは後ろめたく感じます。自分を責めることにもなり、本来は親の問題であるはずの離婚や不和が、子どもの問題になってしまいます。

子どもは親に世話される存在であって、親が頼り、相談する相手ではありません。繰り返し何度も書いてきたように、子どもは父親も母親も必要としています。できることなら、仲の良い両親のもと、ずっと一緒に、みんなで暮らしたいと思っています。そうした家庭を提供できなかった責任は親にあり、そのことによって起こる出来事のすべては親が引き受けなければなりません。

離婚するかどうかを決めるのは親です。離婚することを決めたら、「子どもが離婚の原因になることなどあり得ず、それはおとなの問題である」と、きっぱりと伝えましょう。中途半端な気持ちを子どもに語ったり、子どもに相談したりせず、親の決意が固まったら、その意思を子どもに告げましょう。どちらか片方の親だけが話すのではなく、ふたり一緒に子どもと向き合い、それぞれが交代で自分の意思として子どもに告げることが理想です。

配偶者の合意なく、やむを得ず緊急避難として別居を決めたときにも、家を出なければならない理由を子どもの年齢や発達段階に応じてきっちり説明し、「それは親の意思であり、こういう理由で一度は家を離れなければならないが、あなた（子ども）がお父さん（お母さん）を失わないですむよう、最大限努力する」と約束してあげてください。虐待やDVなどがあった場合は、面会交流が難しくなるかもしれないし、住居を隠さなければならないのかもしれません。加害親の変化や子どものケアが最優先のこともあります。しかしそれでも、できる限り、子どもが両方の親との関係性を維持できるよう、できる限りのことをやっていきましょう。

これからの見通しを伝え、子どもの意見を聞く

子どもの一番の関心事は、「自分はこれからどうなるのか」ということです。子どもが不安にならないよう、これからどんな変化があるのか、いつごろ、どんなことが起こるのかを話し、子どもに必要な情報を与え、準備できるようにしてあげましょう。

具体的には、①父親・母親はそれぞれどこで暮らすのか、②子どもはどちらの親とどこでどんなふうに暮らすことになるのか、③別れて暮らすほうの親とはいつ、どんなふうに会えるのか、④どちらの親とも今までどおりの関係を続けていけること、⑤保育園や学校はどうなるのか、⑥子どもにとって大事な存在（祖父母や友だち、ペット）との関係はどうなるのか、⑦引っ越しや転校のタイミング、などです。また、⑧子どもの意見や気持ち、子どものスケジュールなどもちゃんと聞きながら離婚計画を進めていくこと、⑨どんな些細《ささい》なことでも尋ねてもらってかまわないし、どんなネガティブな感情も出してもいいこと、⑩それらに対して、父親・母親はできる限り、誠実に応える用意があること、なども伝えましょう。

こうした情報を得ることで、子どもは「これからも変わらず世話をしてもらえる」ことや、「両親が自分のことをちゃんと考えてくれている」とわかります。「どんな感情も意見も表現してよい」と言ってもらうことで、子どもは自分の気持ちを隠さずにすみます。しばしば子どもは、「自分の気持ちを伝えたら、両親はもっと辛い思いをするのではないか」と、親を気遣い、自分の感情を見

せないようにします。しかし、見せないからといって、ネガティブな感情やストレスがなくなるわけではありません。抑うつ感や攻撃性として、別のかたちで現れたりします。

今後の見通しを子どもに伝える前に、両親の間で話し合い、①〜⑩のようなことの同意・合意をしておくことが理想です。もし、難しい場合には、これらについて「今、話し合っているから、何も心配しなくていいんだ」と伝えてあげましょう。

父親・母親として変わりなくずっと愛していくことを伝える

何より大切なことは、「これからも変わらず、ふたりは父親・母親としてあなたを世話していくし、ずっとあなたを愛している」と、子どもがわかるかたちで伝えることです。穏やかで優しい口調で、「愛している」「大切だ」と言葉にすることはもちろん、抱きしめたり、頬《ほお》ずりしたり、微笑んで話すなどのスキンシップも有効です。とくに子どもが幼い場合には、欠かせないものになります。

両親がお互いを尊重しながら話し合っている姿を見せてあげることも大事です。子どもには穏やかに話すのに、相手には目くじらを立ててまくし立てたり、髪の毛を振り乱して離婚手続きを進めていたりしたら、子どもは混乱します。言語化されないメッセージ……たとえば、ため息やいつもより大きいドアの音、疲れ切った表情などからも、子どもは不穏な空気を敏感に感じ取ります。

本当に、本当に難しいことですが、子どものために、お互いを、自分自身を大切にしてください。「自分の心を偽れ」と言っているのではありません。相手への憎しみや、大切なものを手放すことへの悲しみがあるのは当然です。それを感じないようにするなど、できるはずもありません。そうした感情は別の場所で、おとなに向かって出し、癒やしていきましょう。子どもにとって良い別居・離婚をしていくためには、親自身が頑張りすぎないということが必要です（〔5－6〕193ページ参照）。当事者グループやカウンセリングなど、安全な場所を見つけていきましょう。（木附千晶）

注1：『恐竜の離婚　変わっていく家族のために』（ローリーン・クラスニー・ブラウン、マーク・ブラウン著／日野智恵、日野健訳：明石書店）

注2：『ココ、きみのせいじゃない――はなれてくらすことになるママとパパと子どものための絵本』（ヴィッキー・ランスキー、ジェーン・プリンス著／中川雅子訳：太郎次郎社エディタス）

コラム

子どもの記憶と被暗示性

片方の親から引き離された当初は、その親に会いたがっていた子どもが、わずか数週間で「もう会いたくない」と言い出すことは少なくありません。子どもを連れ去られた親（別居親）たちは、これを「同居親が悪口を吹き込んだのだ」と言ったりしますが、私が見てきたケースは必ずしもその言葉が適当とは思えません。

　もちろんなかには、そうした同居親もいますが、多くは、子どもが空気を読んで自主的に決断します。たとえば同居親が、キッチンの隅でひっそりと泣いていたり、別居親から届くメッセージにため息をついたり、弁護士とのやり取りに頭を抱えていたり……。そんな同居親を見て、今、自分を世話してくれる親を心配し、子どもは「会わない」と決めるのです。そして、「その決断は正しかった」と信じ込むために、別居親像をつくり変えたり、積極的に別居親についての否定的なイメージを取り込み始めます。

　よく「子どもが（別居親に）会いたいと思うようになるまで待て」と言う法律家や医師がいますが、何もせずただ待っているだけで、子どもの拒否意思が変わったケースを私は知りません。会ってもいないのに、子どもの別居親への拒否感、嫌悪感は高まっていくことがほとんどです。

　脳は事実とイメージの区別がつきません。そして、記憶は不確かなものです。それを示す古典的研究としては、アメリカの心理学者エリザベス・ロフタス（注1）らによるものが有名です。誘導質問や事後の情報などによって記憶が変容することを明らかにしたロフタスは「記憶を尋ねられたとき、生き生きとした詳しい状況が核心とともに語られたとしても、必ずしもその出来事が実際に起きたとは限らない」と言います。

他者からの示唆や暗示、誘導、指示等を受け入れ、従ってしまう傾向を被暗示性と呼びます。子どもの被暗示性はおとなよりも高くなります。子どもは、おとなに比べて認知能力が不十分であることに加え、おとなの庇護のもとで生活しているため、おとなの言うことは絶対だと信じていることが多いからです。[注2]

離婚が子どもに与える影響に詳しい臨床心理学者のリチャード・ウォーシャックは、子どもを虚偽の申し立てに導く会話の種類を明らかにしたコーネル大学教授らの研究を紹介しながら、いかに子どもが片方の親の虚偽を真実であるかのように信じ始めるかを説明しています。さらには、「虐待されたと信じている子どもは、実際に虐待されて苦しんでいる子どもと同じ問題を抱える。子どもはまるで、実際に虐待されたかのように、自分の養育者を信じることができなくなってしまう」ため、親密な人間関係をつくれなくなってしまうとも指摘しています。[注3]

これらの研究は、親が子どもの被暗示性を利用し、虚偽の記憶を植え付ける残酷さや人格形成への悪影響をも示唆するものです。私たちおとなは、こうした事実にもっと敏感であるべきです。虚偽の記憶が、子どもに本当に虐待された場合と同じダメージを与えると知っていたら、虚偽DVによる子どもの連れ去りを看過することなどできないでしょう。

（木附千晶）

注1：エリザベス・ロフタスらは、短い交通事故の映像を示し、「車が激突したときどのくらいのスピードだったか」という質問群と「車が当たったときどのくらいのスピードだったか」という質問群に分けた。すると、同じ映像を見たにもかかわらず、「当たった」と聞かれた群（34マイル）より、「激突」と聞かれた群（40・8マイル）とで、車のスピード感に差が出た。加えてその1週間後、「映像のなかで割れたガラスを見たか」との質問に対し、実際にはガラスは割れていなかったにもかかわらず、「激突」群は32％が「見た」と答え、「当たった」の群は14％であった。

注2：仲真紀子（２０１６）、『子どもへの司法面接　考え方・進め方とトレーニング』有斐閣　pp.46

注3：リチャード・A・ウォーシャック、青木聡訳（２０１２）、『離婚毒』誠信書房　pp.57

1−6

どこに相談すればよいか

親しい人は必ずしも良き相談者ではない

ひとりであれこれ考えず、だれかに鬱々《うつうつ》とした気持ちを聞いてもらうのは、傷ついた心の回復のステップをたどるうえでとても有効です。あなたにとって、まず思いあたる相談相手はだれでしょうか。親や親戚でしょうか。古い友人が聞き役を買ってでてくれそうでしょうか。辛いときに寄り添い、熱心にあなたの話に耳を傾けてくれる人がいるのは、とても幸運なことです。離婚はだれにとっても辛い出来事ですから、目いっぱい厚意に甘えてもいいでしょう。

ただし、相談相手を選ぶとき、注意すべきことがあります。他人の境遇に自分の経験や思いを同調させることを、心理学の用語で「投影」と呼びます。人間には、自分の感情を他者に重ね合わせたくなる習性が備わっています。それは人間に備わった素晴らしい能力です。他者と協力体制を築き、ひとりではできないことを成し遂げられるからです。しかし、同調が過ぎる人に相談すると、相手のペースに巻き込まれて自分の気持ちを見失ってしまう可能性があります。他者の影響を受けて、自分の人生を左右するような決断をしてしまうと、取り返しのつかない後悔となります。負の感情に拍車をかけられて、紛争の火種が生まれる危険もあります。

親・親戚

身近にいて相談しやすい一方、慎重に意見を聞く必要があるのが、親や親戚です。子どもがいくつになっても、子どもを世話したがる親は少なくありません。それが純粋な情愛からくる行動ならよいのですが、往々にして「子どもに恥ずかしいことをさせるわけにいかない」と周囲の目を気にしがちなのが、親世代です。世間体など気にしていては、あなたの子どもが最優先となる養育はできません。もちろんすべての親が「毒親」（子どもを支配して子どもに害を与える親）だとは言いませんが、十分に見極める必要はあります。子どもの祖父母が面会交流にかかわることで子どもとどちらかの親との関係がうまくいかなくなってしまっているなら、距離を置いてもらいましょう。

知人・友人

良き相談者を見分けるには、コツがあります。こちらから頼んでもいないのに、「こうしたほうがいいよ」とアドバイスをしてくる人や、「相手はひどいね」と評価したがる人には要注意です。エピソードの一部を話しただけで「その気持ちわかるよ」と追従してくる人も、危ないと思ったほうがいいでしょう。親密さや熱心さを基準にするより、ありのままのあなたを受け止めてくれるかどうかを尺度に、相談相手を選びましょう。固定的な関係性にある親友ほど、「投影」が起こりやすくなることを心に留めておいてください。やや距離感があっても、共通した利害関係になく、それでも信頼できそうな相手はいないでしょうか。中立かつ冷静に話を聞いてくれる可能性があります。そうした知人が意外なところにいないか、考えてみてください。

行政の窓口

本来、公的機関にはさまざまなサポートを提供してほしいところです。諸外国では、離婚家庭を支援するための国家予算が組まれています。しかし日本では、まだそうした支援の必要性が重視されていません。また、離婚を「本人の自己責任」ととらえる風潮は、公的機関にもはびこっています。こうしたなかで、公的機関が良き相談相手となってくれる可能性は、残念ながら高くありません。普段からデスクではなく現場で親や子どもと相対して仕事をしている人は、比較的誠実に対応してくれる傾向にあります。建前ではなく自分の言葉で話してくれる相手と巡り合えたら、その人との関係は大切にしましょう。

弁護士

弁護士は基本的に、「依頼者の利益」のために仕事をします。子どもよりも、あなた自身の利益に寄り添う弁護士がほとんどでしょう。あなたに有利な道を考えてくれますが、あくまで「法的に有利かどうか」が基準となります。仮にその判断が正しく、裁判所で有利な条件を勝ち取れたとしても、子どもの利益につながるとは限りません。長期的な視点までは考慮してもらえないと認識したうえで、話を聞きましょう。とはいえ、依頼者の気分を害してでも、耳の痛い意見を言ってくれる弁護士も増えているようです。争いを助長する弁護士ではなく、子どものために極力争わない提案をしてくれる弁護士がよいでしょう。情報を集め何人かとお試し相談をしてみるのがお勧めです。

当事者グループ

離婚の当事者たちが運営する、悩みを打ち明け合えるグループに足を運んでみるのも一つの手です。同じような境遇にある人たちの間では、あなたの悩みは理解されやすいでしょう。辛い思いをしているのは自分ひとりではない、と感じられれば心の慰《なぐさ》めになります。離婚後の子どもの養育の成功事例や失敗事例を知る、情報収集の場として使うこともできます。ＳＮＳや匿名《とくめい》の掲示板もありますが、これらにのめり込むのはお勧めしません。インターネットの世界では不毛な議論が起こりがちです。参加者が人として尊重されるような場を選ぶことがポイントです。

カウンセリングルーム

もっと専門的な意見を聞きたい方は、カウンセリングを受けてみるのもよいでしょう。精神科や心理相談に通うのは、ハードルが高いと思われるかもしれません。しかし、諸外国ではメンター（助言者）に相談するのはごく一般的です。内科や外科に行くのと同じで、恥ずかしいことではありません。お金はかかりますが、子どもとの関係性をかけた大切な局面ですから、検討する余地は十分にあると思います。専門家がどんな支援を提供しているのか知りたい方のために、カウンセリングの手法を5章コラム「親の心をほぐすには　離婚カウンセラーの役割」（198ページ）で解説します。

面会交流支援者

面会交流の支援サービスを提供する団体の多くは、収入を得る目的以上に使命感から事業を続けています。行政の窓口と比べて、自分事として熱心に取り組んでもらえる可能性は高いでしょう。ただし、面会交流支援の歴史は浅く、手法は確立されていません。支援者になるための資格や試験は存在せず、だれでも支援者を名乗ることができるため、スキルレベルも玉石混交《ぎょくせきこんこう》です。支援者自身、子連れ離婚の経験者で、生きづらさから回復できていない場合があります。そうした支援者に当たると、不健全な「投影」をかけられることもあります。相手と折り合いながら、中立かつ公正な支援者を選ぶ必要があります。過度な同調を示してくるとか、感情むき出しの支援者は危ない場合もあるので避けましょう。

行政と民間のさまざまな支援については、2章「2－4」でも詳しく解説します。

（森本京介）

2章

別居・離婚前にやっておきたいこと

2－1

配偶者（パートナー）と話し合う

結婚とは何だったのか

子どものことを話し合う、その前に。今もめている相手を伴侶にすると決めたときのことを、思い出していただきたいのです。今さら過去のことなんて、振り返りたくないかもしれません。でも、少しだけがまんして読んでみてください。

共同生活を送ることに限界を感じ、離婚を切り出したあなた。相手への不満でいっぱいだろうと思います。積み重なったその不満を相手にぶつける前に、一呼吸おいてみてください。結婚式のときのことを、覚えていますか。キリスト教式の結婚式だったら、牧師さんの決まり文句は「雨ノ日モ風ノ日モ、生涯支エ合ウコトヲ誓イマスカ？」でした。今となっては信じられないでしょうが、みなさんは「はい」と誓ったのです。絶対裏切らない約束、それが結婚です。民法７７０条に、よほどの理由がないと離婚はできません、ということが書いてあります。一時の気の迷いだったとしても、あなたがそういう約束をしてしまったのは確かです。もし相手が「離婚したくない」と主張してきたらどうなるでしょう。結婚したときの誓いがありますから、相手の主張にも一理ある、ということになります。相手にも離婚に同意してほしい気持ちはわかります。でも、人間というのは、追いつめられるほど意地になるものです。あまり追いつめると、正論を盾に徹底抗戦されるかもしれません。

相手から離婚を切り出されてしまったあなた。そんなこと想像もしていなかった、こんなの青天の霹靂《へきれき》だ、と驚いているのではないでしょうか。相手に真意を問いただす前に、一呼吸おいてみてください。結婚とは何だったのか、見つめなおしてみましょう。たしかに結婚は、相手を裏切らないという約束です。しかし、それは現実的な約束だったのでしょうか？　3組に1組が離婚する時代と言われます。海外でも、だいたい3割ぐらいの夫婦が離婚しています。世間体が悪いなど、外的な理由で離婚を踏みとどまっている夫婦もいますから、心の通い合いをなくした家庭をすべて合わせたら、「雨ノ日モ風ノ日モ」支え合っていない夫婦は3割どころではすまないでしょう。動物界に目を向けてみると、生涯同じ相手とだけ添い遂げる種は、哺乳類だと3～5％だそうです。鳥類の多くは、1年おきにパートナーを換えます。類人猿ではテナガザルだけが一夫一妻で、チンパンジーもゴリラも、複数のパートナーを持ちます（注1）。生物学的には、夫婦がうまくいかなくなるのは、むしろ自然なことかもしれません。結婚とは、守り続けるのがけっこう難しい契約のようです。

肩の力を抜こう

ここまでの話をまとめましょう。結婚は「絶対に破ってはいけない契約」であると同時に、「守るのが難しい契約」でもあります。「そんな簡単に終わらせてはいけない」という主張も正しければ、

「やっぱりあなたとは無理」という訴えももっともなのです。そんな矛盾をはらんでいるのが、結婚という制度です。どうせ守れない約束ならばと、結婚せずに子どもをもうけるカップルが、世界的には増えています。欧米諸国の多くでは、半分程度のカップルが結婚せずに子どもをもうけています。日本は約98%のカップルが子どもをもうける前に結婚する、結婚率が高い国です。

日本の結婚率が高いのは、何も日本人が義理堅いからではないでしょう。何のことはない、「みんながしているから」ではないでしょうか。日本人は、適齢期になったら結婚するのが当たり前だと思っていて、あまり深く考えずに結婚します。離婚する確率は3分の1もあるのですが、まさか自分が当事者になるとは夢にも思いません。「ボーッと生きてきた」ツケは、関係が悪化したときに回ってきます。別れたくない人は「契約を破るなんてひどい」となり、別れたい人は「契約どころではない」となります。どちらの言い分にも、もっともな理屈があります。相手を責めたくなるのはわかりますが、その前に一呼吸おきましょう。

どちらも、結婚という「矛盾した約束」をしてしまったのです。もめているのは相手のせいだけではなく、結婚という契約をしたせいでもあります。かといって、過去を反省する必要はありません。「残念だけどうまくいかなかったなぁ」と、肩の力を抜いて受け止めることが大切です。未婚のカップルなら、失恋なんてよくある話です。裁判になるほどもめている未婚のカップルは、あまり見かけませんね。籍を入れたからという理由で責め合うのは、考えてみればおかしなことです。結婚という制度に踊らされてはいけません。「配偶者に裏切られた」という負の感情を、「結婚に期待していた自分が裏切られた」と置き換えてみませんか。少し気持ちが楽になるかもしれません。

子どものことはしっかり考えよう

子どものことは、大まじめに考えなければなりません。親が離婚することに、子どもは何の責任もありません。過去の記憶と正しく決別して、心に余裕ができて初めて、子どもの胸に秘められた気持ちに気づくことができます。子どもは多くの場合、ただ「けんかをやめてほしい」と願っているものです。両親が建設的な関係を築くことが、子どもの健全な成長発達を育みます。

争いが激化して「裁判」にもつれ込むと、長い期間をかけて互いを非難しあうことになり、親の憎しみの感情に子どもをさらさずにはいられないでしょう。焼け野原にする前に、調停員を介して話し合う「調停」で合意できるほうがベターです。裁判所を通さずに本人同士で話し合う「協議」で決められたら、なお望ましいと言えます。裁判所から指示されるより、自らの意思で決めた約束のほうが、前向きに守っていこうという気持ちになれるものです。

離婚訴訟を見学してみることもお勧めします。平日に地方裁判所を訪れれば、不倫相手を許さないだの、暴言を吐かれただの、大のおとなが顔を真っ赤にして責め合う様子を生で見学できます。見学後、自身に置き換えてみてください。板挟みになった子どもは、どんな気持ちになるでしょうか。争いを最小限に抑えるべきだと、あなたは心に誓うに違いありません。

（森本京介）

注1：『人はなぜ不倫をするのか』（亀山早苗著：SBクリエイティブ）

2−2 大切なお金の話

養育費を請求しないのは子どもの権利侵害

ひとり親家庭の貧困が深刻です。その大きな理由はひとり親手当が足りないこと。もう一つの理由は、養育費が支払われていないことです。母子家庭の場合、養育費の支払い率はわずか24・3％です。この数字は、先進国に例がないほど低いレベルです。なぜ養育費は支払われないのでしょうか。そもそも、取り決めをしてから離婚した割合が42・9％しかありません。6割近くが、口約束さえしないまま離婚しています。

養育費の取り決めをしていない母親に理由を聞いたアンケート調査（注1）をみると、9割以上が取り決め以前に、話し合いさえ試みていません。条件はどうでもいいからさっさと別れたい、と考える人が多いことがわかります。「戸籍が汚れる」という表現があるように、離婚を恥ととらえ、お金のやり取りさえ断ち切りたい人もいるようです。気持ちは理解できなくもありません。しかし、衝動的な離婚は、子どもの貧困への第一歩です。結論を急ぐ前に、踏みとどまってください。ほんの少し努力すれば、子どもは養育費を受け取り、充実した子ども時代を送れるかもしれないのです。養育費の不払い問題は、親同士が話し合わないことから起きています。養育費の支払いから逃げる別居親は論外ですが、養育費の交渉から逃げる同居親も問題です。相手から生命を脅《おびや》かされているような場合は別ですが、そうでもなければきちんと話し合って決めましょう。ＤＶなどがある場合でも居所秘匿《ひとく》のまま調停等で話し合うことはできます。「話が通じる相手ではない」「払わないと言われている」などと話し合わないケースも多いようですが、子どものためにしっかり考えてみてください。

（注１：「厚生労働省（平成28年度）全国ひとり親世帯等調査結果報告」）

養育費の請求は意外に簡単

養育費には、「算定表」と呼ばれる基準があります。インターネット上で「養育費」「算定ツール」と検索すると、自動的に養育費をはじき出してくれる便利なサイトが見つかるはずです。まずはそれを使って試算してみましょう。別居親がどんな反論をしても、裁判所の決定は算定表からぶれません。支払い期間は、子どもが20歳になるまでとするのが一般的です。

可能なら話し合いで決めるのがよいですが、直接の話し合いが難しいと思ったら、調停を申し立てるのも手です。３カ月から半年程度と、比較的短期間で決着します。たとえば、私立小学校の学費の一部を別居親が負担したり、子どもが大学を卒業する22歳まで支払い期間を延ばしたり、といった取り決めもあり得ます。落ち着いて話し合えるほど、より良い条件を得られる可能性が出てきます。冷静な交渉に備えるためにも、算定表の金額を理解しておくことは大切です。算定表を上回る条件を得られたら、感謝の気持ちを言葉で伝えるようにしてください。それが父母の建設的な関係性につながっていきます。

婚姻費用は古い時代の名残り

養育費が子どものために支払われるのに対し、配偶者も含めた生活費のことを婚姻費用といいます。別居から離婚成立までの間、収入が多いほうの親がもう一方に支払う必要があります。離婚が成立すると親子関係だけが残り、養育費の支払いに移行します。婚姻費用の金額は、養育費と同様に裁判所の算定表によって定められています。

本来この制度は、社会的に弱い立場の女性を支援するために設けられたものですが、親に経済的な余裕があれば実家の世話になることも、公的な支援を受けることもできます。婚姻費用を受け取る側は、制度上権利があるからといって、何も考えずに請求してはいけません。子どもの幸せを考えるための養育を志すなら、もう一方の親の感情を考慮する必要があります。一時的な金銭的メリットと、子どもへのメリットをよく考えてみましょう。離婚が成立していなくても、養育費相当の金額だけを請求することも、ぜひ選択肢に入れてください。そのほうが、相手の理解を得られやすいはずです。一方、婚姻費用の相当額を請求されてしまった側の親は、不条理に感じることと思いますが、いち早く離婚を成立させ養育費を支払う方向に気持ちを切り替えましょう。

財産分与、年金分割

財産分与とは、夫婦が共同生活を送るなかで形成した財産の公平な分配のことです。婚姻中に増えた預金や資産は、夫婦が共同で築いたものであり、離婚するときには山分けしましょう、という制度です。こっちのほうが苦労したのだから半分持っていかれるなんて納得いかない、といった議論の余地はありません。司法制度がそうなっているので、受け入れるしかありません。夫婦それぞれの銀行口座があれば、お互いの預金額はすぐにわかるでしょう。婚姻した日から別居した日までに増えた金額を、ちょうど50％ずつ分けることになります。婚姻中に不動産を購入した場合は、少し事情が複雑です。共有名義でマンションを購入していた場合、双方の合意がないと売却できません。円満に解決するため、弁護士などの専門家のアドバイスを受けてもよいかもしれません。

年金分割とは、婚姻中に積み立てられた年金を分割することです。場合によっては複雑な計算となるため、日本年金機構等の専門家に相談することを視野に入れましょう。

慰謝料

慰謝料とは、離婚の精神的苦痛に対して支払われるお金のことです。一方が原因で夫婦関係が破《は》綻《たん》したと認められる場合、もう一方の配偶者は慰謝料を請求できます。不貞行為、暴力、セックスレス、モラハラ（モラルハラスメント）などは、慰謝料を請求する事由《じゆう》になり得ます。単なる性格の不一致だと認められません。裁判所は、こうした行為があったかどうかを判定し、あったと判断すれば慰謝料の支払いを命じます。慰謝料の請求は、「婚姻を不本意なかたちで終わらされた側」に認められる権利です。

一方が自らの非を認めている場合、謝罪とともに慰謝料を支払うのは建設的な解決方法と言えます。目に見えるかたちで誠意が示されるので、紛争の長期化を避けるうえで有効です。しかし、非を認めていない相手に慰謝料を請求したらどうなるでしょうか。法的には、あなたには慰謝料を請求できる可能性はあります。請求するのは日本の司法で認められた権利です。ただし、そうまでして慰謝料を請求するなら、相手と最低限のやりとりをできる関係性を築くことさえ諦めるほかありません。

裁判所から慰謝料を認めてもらうには、証拠を提出する必要があります。たとえば、相手の不倫を証明するなら、不倫現場の写真を押さえなければなりません。モラハラの被害を訴えるなら、いつどこで、こんなひどい言葉をかけられた、と「主張書面」を提出しなければなりません。そうした行動は、相手の感情を逆撫でします。繰り返しになりますが、親が離婚した後の子どもに最も大切なのは親同士が争わないことです。慰謝料を請求するということは、「相手に非がある」ことを明らかにしようとすることでもあります。そうなれば、「非があった」「非がなかった」と争うことになり、子どもにとって大切なもうひとりの親を貶《おとし》めることになります。それは子どもを傷つけ、争いの渦中に投げ込むことにつながります。欧米諸国でも、多くのアジア諸国でも、不倫の慰謝料という制度自体が廃止もしくは有名無実化しています。その背景には、親同士が争うのは不毛だとする考え方があります。日本では慰謝料の請求が認められていますが、その制度を使うかどうかはあなた次第です。夫婦間の葛藤は親同士の問題ですが、その陰で人知れず泣くのは子どもです。どうしても裁判所で相手の問題を暴いて、お金を支払わせないと気がすまないでしょうか。子どもの気持ちを優先するなら、無用な争いは控えましょう。裁判に勝てば一時的にスカッとするかもしれませんが、ここで踏みとどまれば、子どもは生涯残る心の傷を負わずにすみます。

（森本京介）

2－3

子どもの権利と親の権利（親権、監護権、面会交流）

親権とは

夫婦関係にヒビが入り、離婚がちらつき始めてから、みなさんは親権に関心を持ち始めたことでしょう。日本には、離婚したらどちらか一方の親にしか親権が与えられない「単独親権」という鉄の掟があります。

「父母が協議上の離婚をするときは、その協議で、その一方を親権者と定めなければならない。」（民法８１９条）

離婚前は共同親権で、父にも母にも親権があります。それをどちらか単独に決めなければならないと聞いて、落ち着いていられる人はそういないでしょう。お互いが譲らなければ、争いになります。勝ったほうに与えられ、敗れたほうは失ってしまいます。では、親権とはいったい何なのでしょうか。

法律的には、日本の民法８２０条から８２４条などに定められた権利です（6章「6－2」表1参照）。

820条　子の監護（日常的な衣食住の世話）をし、教育方針を決められる（監護と教育の権利）
821条　子が暮らす場所を指定できる（居所指定権）
822条　子が非行をはたらいたとき、教育的な懲罰を加えられる（懲戒権）
823条　子の就職を許可することができる（職業許可権）
824条　法定代理人として、子に代わって財務管理や契約ができる（財産管理権）

親権を失ったら、親らしいことができなくなってしまうのではないか。不安に駆られるのはもっともです。しかし、少し立ち止まって考えてみましょう。親権がないと、本当に子どもの養育に関われないのでしょうか。実際には、親権を失うことの制約は次に挙げることくらいです。

①　法定代理人になれない
非親権者は、子どもの携帯電話や学資保険を契約できません。子どもの銀行口座やパスポートをつくることもできません。新型コロナワクチンのような予防接種を打たせる判断は、親権者でないとできません。児童手当も受給できなくなります。

②　子どもの氏が変更される可能性がある
元配偶者が新しい戸籍に子を入籍させると、元の戸籍からは子どもの名前が抹消されます（民法791条）。子どもが相手の姓に変更されてしまうかもしれません。

③　子どもが同居親の再婚相手と養子縁組する可能性がある

元配偶者である同居親が再婚した場合、子どもが再婚相手と養子縁組するかもしれません。子どもが、あなたの知らぬ間に見知らぬ人物の子どもになってしまうこともあります。

厳密にはもうちょっとありますが、親権は親が子どもにしてやれることの一部でしかありません。親権のない親でも、子どもの勉強をサポートしたり、旅行に連れて行ったりすることは、法律違反ではありません。誕生日にプレゼントを渡すことや、学習塾を契約することも可能です。養育費と面会交流は、親権のゆくえにかかわらず、父母が話し合って取り決めなければなりません（民法766条）。親権を持たない親を子どもに関われなくさせるような法律は、存在しません。

親の離婚を経験した子どもにとって、最も大切な利益は何だったでしょうか。繰り返しになりますが、「両親が自分のために建設的でいてくれること」だったはずです。親権などは空手形で、だれが持ってもいいのだと割り切って、無意味に争わないようにしなければなりません。みなさんの行動が、子どもの将来を左右します。親権者であろうがなかろうが、「この人がいてくれてよかった」と最後に審判をくだすのは、裁判所などではなく、ほかならぬ子ども自身です。

親に求められること

親権を失った親が子どもにまったく関われない（関わらない）ケースが多いのは、紛れもない事実です。こうした問題は、親権の所在とは関係ありません。子どもと頻繁に会えている非親権者もいます。問題が起きる原因は、親同士がもめるからです。親権をめぐって争わないことが、何より重要です。同居親にも別居親にも、メリットとデメリットがあります。隣の芝生は青く見えると言いますから、相手と比べないことが大切です。

同居親にとって、親権が責任として両肩にのしかかってくるでしょう。子どもと共に過ごす時間はかけがえのない喜びですが、「ワンオペ育児（ひとりで育児を行う過酷な状況）」を抱え込むのは楽ではありません。余裕をもって子どもに接することができるように、思い切って、たまには元パートナーに預けて、相手に子育ての苦労を味わってもらってはいかがでしょうか。その間は、自身のリフレッシュのために時間を使うことができます。気持ちにゆとりがあってこそ、子どもに健全な愛情を注ぐことができます。

一方の別居親は、限られた時間しか子どもと過ごせません。それは寂しいことですが、子育てのストレスを日常的に感じずに暮らせるという、プラスの一面を見落としてはなりません。日々子どもの顔を見られない代わりに、圧倒的に長い時間を自身のために使うことができます。その結果、義務感に縛られない、子ども優先の視点に立つことが可能になります。

監護権をめぐる争い

監護権とは、親権から一部を取り出したものです。民法820条にある「親権を行う者は、子の利益のために子の監護及び教育をする権利を有し……」という部分が独立して扱われた場合の権利が監護権です。簡単に言うと、親が子どもを手元に置くための権利です。子どもの奪い合いが過熱しているケースでよく登場します。たとえば、一方の親が相手に黙って子どもと家を出たとします。そのとき、取り残された親は、子どもを戻してほしいと裁判所に訴えることができます。それが、「子の監護権の指定」と呼ばれる調停や審判です。離婚が成立して親権者が決まる前に、まず子どもがどちらの親と住むかを決めるための裁判です。子どもがどちらの家で暮らすのが適切か、裁判所に決めてもらうのです。

この裁判は、やる前から結果が決まっています。同居親が勝ちます。子どもをもう一方の親のもとへ移すべきという判決は、ほとんど聞いたことがありません。同居親の生活環境が多少悪くても、同居親が監護者に指定されます。浮気相手を同居させていても、子どもが不登校になっていても、判決に影響はありません。ごく少ない例外は、同居親のもとで子どもが命を落としかねないほど危険な状況にあるケースです。裁判所には同居親を監護者として優先する「継続性の原則」と呼ばれる暗黙のルールがあります。これを利用して、「先に子どもを連れて家を出なさい」と依頼者にアドバイスする弁護士もいます。いわゆる「子の連れ去り」が日本で起きやすい原因となっています。

監護権指定の裁判の対処法

「子の連れ去り」が子どもに与える影響の評価はさておき、すでに「子の連れ去り」が起きてしまっている場合、どうするべきでしょうか。子どもを連れて行かれたほうの親は、「監護権指定」の裁判を起こすべきではありません。理由は単純で、勝算がないからです。突然子どもと引き離されてしまったのですから、悲しくなるのはよくわかります。しかし、勝てない戦をするべきではありません。裁判に勝つには、自分が相手より監護者にふさわしいことを証明しなければなりません。自分の長所をアピールするにはだれしも限界があるので、どうしても相手の短所を指摘することになります。ただでさえピリピリした相手との関係は、取り返しがつかないほど悪化します。状況を悪くするくらいなら、何もしないほうが賢明です。理不尽に感じるでしょうが、家庭裁判所は今日や明日に運用を変えたりしません。裁判所なら何とかしてくれる、という淡い期待は捨てましょう。

一方、子どもと同居している親は、この裁判を起こされても冷静でいることが大切です。敗訴する心配はまずありません。あれこれ主張しなくても大丈夫です。相手から裁判を起こされてしまったのは仕方ないとして、淡々と主張していきましょう。調査官に聞かれた質問に正直に答えていればそれで十分です。相手から書面で追及されて、落ち込むこともあるでしょう。そんなときは、争いの火種を大きくしないためにも強い言葉で言い返してはなりません。友人や第三者機関など、自分の気持ちを安心して打ち明けられる相談先を複数持って、セルフケアに努めましょう。

面会交流には算定表がない

面会交流は、子どもの健全な成長を助ける点において、養育費と共通しています。しかし、養育費と比べ決着しにくいのが面会交流です。調停になると長引きがちで、養育費ならせいぜい3カ月から半年で決まるところ、面会交流の調停は1年以上かかることも珍しくありません。

面会交流の取り決めには、次のようなことが含まれます。

・別居親と子どもが会う頻度は月に何回で、1回当たり何時間とするか
・どのように受け渡すか
・宿泊をどうするか
・第三者機関をつけるかどうか

養育費であれば、裁判所が定めた「算定表」があります。お互いの収入と子どもの人数によって、自動的に算定されます。しかし、面会交流には算定表がありません。裁判所のホームページによると、面会交流を取り決める際、次のようなことを考慮する必要があります。

・子どもの年齢、性別、性格、就学の有無、生活のリズム、生活環境等を考えて、子どもに精神的な負担をかけることのないように十分配慮する
・子どもの意向を尊重した取り決めができるようにする

いずれも、定量的な尺度ではありません。子どもにとって最適な頻度や方法を、親同士と裁判所

が知恵をしぼって考えなければなりません。まったく会わないという選択肢も、毎日会うという選択肢もあり得ます。養育費と比べて、条件をすり合わせにくいのはそのためです。

面会交流の「相場」

ここで登場するのが「相場」です。面会交流の審判までもつれ込むと、家庭裁判所から判決が出されます。そのいくつかが、「判例」として公表されています。そうした情報から、「裁判所に決めてもらったらこれくらいの頻度に落ち着くだろう」という目安が明らかになっています。日本の場合、この相場が「月1回3時間程度」とされています。日本の裁判所は「月1回くらい面会交流するのが子どもの福祉になる」と考えているのです。この頻度は、諸外国と比べたらきわめて貧弱です。たとえばアメリカでは、子どもは週1回別居親と夕食を共にし、加えて月2回ほど週末にお泊まりするのが一般的です。そのような情報を耳にすると、別居親のみなさんは、日本も欧米並みに面会交流できるようにすべきだ、日本の裁判所はおかしいと感じることでしょう。

一方、日本と欧米を同列に並べて議論することに反対する声もあります。日本では、6歳未満の子どもを持つ夫婦のうち夫の家事・育児関連時間は、1日当たり1時間23分です[注1]。アメリカの3時間10分、フランスの2時間30分と比べて、日本の父親が家事・育児に参画する度合いが圧倒的に小さいことがわかります。あまり子育てに関わってこなかった父親が、離婚したとたんに欧米並みの権利を求めてきたら、母親側が違和感を持っても不思議はありません。

よくあるのは、同居親は月1回数時間会わせたいのに対し、別居親はもっと頻回で宿泊をともなうような面会交流を求め、折り合いがつかなくなるケースです。「どうせ裁判になっても認められないなら」と別居親が折れたら、月1〜2回程度の取り決めに落ち着きます。別居親が折れなければ審判までもつれ込み、前述のとおり、やはり月1回程度の判決が出ます。

取り決めの内容より大切なこと

養育費とは異なり、面会交流の「相場」は絶対的ではありません。裁判所の判例を見ても、年間数十日の面会交流を認めた判決もあれば、まったく会わせなくてよいとする判決もあります。面会交流の条件を決めるうえで最も大切なのは、頻度や時間ではありません。子どもが離れて暮らす親からどれだけ愛されていると感じられるかがポイントです。そのためには、やはり、両親が建設的な関係でいられるかどうかが問われます。どちらかの親が不満や怒りを抱えていると、子どもはそれを敏感に察知します。そうなると、子どもは萎縮してしまいます。有利な条件をとることより、たとえ多少相手に譲歩してでも、穏やかに決着させることを優先させましょう。子どもにとってどれくらいの頻度が望ましいかについては、5章で解説します。

（森本京介）

注1：「男女共同参画白書 平成30年版」（内閣府男女共同参画局）

コラム

面会交流調停にかかる弁護士費用の相場

調停とは、話し合いです。弁護士をつけずに自分ひとりで調停に参加することもできます。法律用語を使わずに自分の思いを話し、書面を出してかまいません。こちらが弁護士をつけると、相手は身構えます。裁判所で決着をつけようという、「宣戦布告」ととらえられてしまうからです。協力して子どもを育てる気持ちが、しぼんでしまうかもしれません。弁護士に委任する前に、十分に考えましょう。まずは自分だけで調停を経験してみて、2回目以降にどうするか検討するのも手です。

弁護士を雇うには、お金がかかります。まず「着手金」といって、一つの案件を引き受けてもらうごとに20万～30万円ほどかかります。養育費、面会交流、夫婦間調整など、いくつかの調停を並行して行う場合、さらに高額となる場合があります。そして、案件が終了するごとにかかる「成功報酬」が、さらに1件当たり20万円ほどチャージされます。養育費については、相手から支払われることになった場合に獲得金額に応じて1～2割に設定される場合もあります。ひとりの「個人」にこれほど大きなお金を支払うということは、なかなかないでしょう。相応のお金を支払うとなると、元を取ろうと考えてしまうのが人情というものです。費用に見合う結果を得ようと、引き返せなくならないよう注意が必要です。法律的な意見を聞きたいだけであれば、弁護士に5000～1万円を支払って、1時間程度の法律相談をすることもできます。最低限の知識だけを弁護士から教わって、裁判所には単独で臨むのも一つの手段です。

（森本京介）

2−4

受けられる支援

公的な支援

離婚したときに受けられる支援は同居親の場合、多岐にわたります。ＤＶ被害者の場合には、まだ離婚が成立していなくても受けられる支援もあります。それらについては各自治体のＤＶ相談窓口に相談しましょう。

項目	支援内容
児童手当	児童手当は、中学生までの子どもと同居している親に支給される国の制度です。相手方が児童手当の受給者として登録されていた場合、あなたに受給者を変更することができます。区市町村の役所で相談しましょう。
児童扶養手当	離婚成立後、18歳までの子どもと同居しているひとり親が受給できます。子どもひとりの場合、最大で年間約50万円を受け取れます。児童手当より細かく所得制限の要件があります。児童手当同様、自治体等で相談を。

自治体の子育て支援制度	自治体によって支援内容や支給金額に違いがあります。また、ここに書いた三つ以外にも独自の支援制度を設けている自治体もあります。 **児童育成手当**：児童育成手当は、児童手当・児童扶養手当とは別に、ひとり親世帯に支給される手当です。 **家賃補助**：自治体によっては、ひとり親世帯の家賃を助成する制度があります。金額やその名称は自治体によって異なります。 **医療費助成制度**：自治体によっては、ひとり親世帯の医療費を助成する制度を設けています。ひとり親世帯に限らず、乳幼児や子どもの医療費助成を実施している自治体は数多くあります。
健康保険	相手方の扶養となっていた場合、相手の勤務先の健康保険への加入資格を失います。相手方から資格喪失証明書を送付してもらい、新たに健康保険に加入しましょう。ＤＶ被害者の場合、配偶者暴力相談支援センター等が発行する暴力被害の証明書（いわゆるＤＶ証明）があれば被扶養者から外れることができます。最寄りの自治体のＤＶ相談窓口に問い合わせてみましょう。

マイナンバー	何の手続きもいりません。離婚すると「戸籍」には変更が生じますが、マイナンバーは「戸籍」とひもづいていません。そのまま同じ番号を使用できます。ＤＶ被害者が、加害者のところにマイナンバーカードを置いたまま避難している場合は、マイナンバーの非開示措置を行わないと加害者に情報が伝わってしまう可能性があります。マイナンバーカードの停止や変更をしましょう。また、加害者を代理人に設定している場合には、その解除を行いましょう。詳しくは自治体のＤＶ相談窓口で相談を。
国民年金免除制度	「ひとり親だから年金保険料が免除される」わけではありません。ただし、減額・免除要件に当てはまれば、保険料の納付を減額、または免除されます。また、ＤＶ被害者で、配偶者（ＤＶ加害者）と住居が異なる場合は、本人の前年所得が一定以下であれば、保険料の全額または一部が免除になります。詳しくは近くの年金事務所に問い合わせてみましょう。
姓や戸籍の変更	離婚が成立した時点では、戸籍上、子どもはもともと筆頭者だった籍に入っています。あなたの戸籍に移すことが可能です。また、子どもの姓を変えることもできます。必ず変える必要はなく、そのままにしておいてもかまいません。

養育費支援	相談員が、法テラスの弁護士につないでくれたりします。自治体によっては、不払い分の立替や取立を代行してくれるところもあります。法律的にとれる対策を知ることができますが、相手と調和的に養育費を取り決めるための支援までは望めないかもしれません。まずは養育費等相談支援センター（厚生労働省委託事業）に相談しましょう。
面会交流支援	養育費とくらべ、面会交流への支援はさらに貧弱です。公共の施設等にチラシが置いてあればよいほうで、具体的な情報は何も得られないかもしれません。公のものとしては家庭問題情報センター（ＦＰＩＣ）があります。

私自身当事者として、公的な機関に相談して、悲しい気持ちにさせられたことがあります。熱心に話を聞いてくれる相談員もいましたが、いざ具体的な対応となると尻込みされてしまうのです。離婚しても「子どもに関わり続けたい父親」や「子どもを共同で育てたい母親」のニーズは、十分にはケアされていないようです。子ども問題の最後の砦であるはずの児童相談所も共同養育の相談にはのってくれません。全国に相談室をもつ家庭問題情報センター（略称：ＦＰＩＣ）や、東京都の「はあと」など、両親の間に立って支援をしてくれる機関もあります。兵庫県明石市のように、離婚を考えている親から相談を受けつけたり、円満に合意書を取り決められるためのサポートをしたり、東京都港区のように離婚にともなう養育支援を行うなど、独自の取り組みを行っている自治体

も増えてきました。しかし、まだまだ量・質ともに十分とは言えないものです。とくに男性の相談窓口はほとんどありません。よく知られているのは東京ウィメンズプラザの「男性のための悩み相談」くらいです。

民間の支援

実際の離婚は、「届けを出して終わり」とはなりません。とくに子どもがいる場合、子どもの関係性を通じて、相手との関わりはゆるやかに続きます。公的な機関だけでなく近年増えてきた民間の団体を頼るのも一つの手です。民間の支援者の多くは、自らの当事者経験にルーツがあります。過去に離婚したとき、苦しみながらも得られたノウハウを生かして、カウンセラーや支援者をこころざす人が少なくありません。行政の窓口とくらべ、そうした団体はより熱心にあなたの相談を聞いてくれるでしょう。実体験に根差した、具体的な提案やアドバイスをしてくれるかもしれません。

団体名	特徴
男の生きづらさに応える男性相談窓口一覧 ホワイトリボンキャンペーン・ジャパン https://wrcj.jp/counterformen/	各地の相談窓口の情報や関連リンクを紹介しています。
ＪＵＳＴ ※注：ＪＵＳＴに、Gathering Fathersとハズバンズ・グループがある https://www.just.or.jp/?page_id=105	Gathering Fathersは、面会交流を目指す、別居親父親のグループ。ハズバンズ・グループは、妻やパートナーとの間の問題に悩む男性のためのグループ。夫婦間の葛藤・ＤＶ・別居・離婚・離婚後の問題・男の子育てなどについて、女性の目を気にせず、安心して、語り、分かち合うことができます。
一般社団法人 日本男性フォーラム https://jmcf-jp.com/	「解決することが難しいとなんとなくは分かるけど、この気持ちを誰かに聴いて欲しい、相談したい」そんな男性の気持ちに寄り添った男性の相談窓口です。
ＮＰＯ法人 女性ネットSaya-Saya https://saya-saya.net	暴力被害女性たちと子ども支援を行うことで、暴力と差別のない「女性と男性・人と自然」が共生する社会を目指しています。被害女性と子どもの相談、自立生活支援等を行っています。

りむすび https://www.rimusubi.com/	シングルマザーの創業者が、自身の離婚経験を生かして起業。「別れてもふたりで子育て」をモットーに、面会交流支援や、共通する悩みを持つ当事者が集うコミュニティーの運用などをしています。
離婚テラス https://rikon-terrace.com/	元家裁調査官の代表が、離婚カウンセリングのほか、裁判所を通さずに離婚条件を取り決めるＡＤＲ調停などを行っています。
しんぐるまざあず・ふぉーらむ https://www.single-mama.com/	ひとり親のママと子を応援します。就労支援、キャリア支援、仲間づくりなどシングルマザーと子どもたちが元気になる活動を行っています。
ＮＰＯ法人ウィーズ https://we-ed-s.com/	親の離婚を経験した子どもの立場から、面会交流支援のほか、家庭環境に悩む若者へのさまざまな支援を行っています。
ボヌールシップ https://la-bonheur.co.jp/ship/	保育所と提携し、別居親が主体的に育児に参加できるよう工夫された面会交流支援を行っています。
ＦＡＩＴ　Ｊａｐａｎ http://fait-japan.com/	大学の研究者や臨床心理士が、アメリカの離婚家族のための教育プログラムを日本版にアレンジして提供しています。
ＮＰＯ法人　Ｍ－ＳＴＥＰ https://m-step.org/	ひとり親家庭や子連れ再婚家庭（ステップファミリー）に、ピアサポートなどの支援を行っています。

（森本京介／木附千晶）

3章

争わない離婚
——日本の家事審判の問題点——

3−1

離婚は建設的で積極的な新しい人生の第一歩

多くの方にとって離婚は、大変苦しい経験です。元パートナーとの離別体験、離婚原因をつくり出した相手方に対する憎しみ、子どもをめぐる壮絶な奪い合い、離婚後の経済的問題をはじめ、法的・手続的な諸問題を解決しなければなりません。離婚は、乗り越えていかなければならない人生のステップの一つです。配偶者に対する憎しみや自己嫌悪を引きずったまま生き続ける苦しみ等で希望のない暗い人生を生きるのではなく、それらを克服して自分らしく、他人にも喜ばれるような人生に再び立ち向かう出発点です。両当事者や子どもを含むすべての関係者が、建設的で積極的な新しい人生の第一歩を踏み出せるよう、心を開いて話し合い、わだかまりを残さないことが大切です。離婚で人生が終わるのではありません。離婚は輝ける新しい人生のスタートなのです。

そのために、日本国憲法と子どもの権利条約は、離婚の大原則を両当事者の尊厳と協力の確保、および子どもの成長発達のための愛情と幸福と理解の保障に置いています。

日本国憲法24条［家族生活における個人の尊厳と両性の平等］

「婚姻は、両性の合意のみに基いて成立し、夫婦が同等の権利を有することを基本として、相互の協力により、維持されなければならない。

配偶者の選択、財産権、相続、住居の選定、離婚並びに婚姻及び家族に関するその他の事項に関しては、法律は、個人の尊厳と両性の本質的平等に立脚して、制定されなければならない。」

子どもの権利条約前文および9条3項

「児童が、その人格の完全なかつ調和のとれた発達のため、家庭環境の下で幸福、愛情及び理解のある雰囲気の中で成長すべきである」（前文）
「父母の一方又は双方から分離されている児童が定期的に父母のいずれとも人的な関係及び直接の接触を維持する権利を尊重する」（9条3項）

　これらの規定を読んでみても、離婚は、けっして後ろ向きの暗いものではありません。自らとパートナーがその意思に基づいて、新たな人生を選択するための手続きです。子どもも、両親やその祖父母の感情や都合によって支配されたりすることなく、今後の成長発達のために従前と同じく両親の「愛情と幸福と理解」を保障してもらう権利主体として登場します。離婚が成立するまでには、先に述べたようなさまざまな困難や苦しみや煩雑《はんざつ》な作業が待ち受けていますが、「新しい人生の出発なんだ！」という希望を持って、感情的にならずに、要領良く処理したいものです。（福田雅章）

3−2
現代における離婚法の二つの目的

やりなおしの自由――離婚法の目的その1

まずは離婚法の基本原理がどのようなものであるかをみておきましょう。

離婚は、①当初は宗教によってしばられ、厳しく禁止されていましたが、②人と人の結合である婚姻生活は、どのように厳しく離婚を禁止しても、崩壊し破綻《はたん》することは免《まぬが》れず、ついに教会も、離婚原則禁止はそのままにしながら、別居制度（婚姻意思の不存在や脅迫や近親婚を理由に無効にしたり、ベッドを共にするという実態がなければ未完の結婚であるとした）を認めるようになりました。やがて近世になってからは、③姦通《かんつう》や悪意の遺棄など婚姻破綻の原因をつくった有責配偶者に対する制裁として離婚が認められるようになりましたが、④離婚するために有責事由をねつ造するといった事態まで生じるに至り、１９６０〜70年代以降、ヨーロッパの離婚法は、婚姻生活の破綻それ自体で離婚を認める破綻主義へと移行し、現在に至っています。

このように、現代の離婚法の第１の目的は、離婚原因をつくった配偶者に対する宗教的・道徳的制裁という歴史的夾雑《きょうざつ》物（＝余分なもの）を捨て、破綻した婚姻生活によって苦しんでいる当事者を救済し、再婚や自律の自由を再度保障するという点にあります。つまり、結婚生活の失敗をやり直せるという点に大きな意義があります。人（おそらく動物である哺乳類）は、自分をそのまま抱えてくれ、自分がそのままで抱えられる人との共生がなければ、幸せに生きられない存在です。人類は、それを自然的環境としての夫婦および家庭として固定化してきました。現代社会は、失敗しても、再度幸せな人生をやり直せる離婚法を用意したのです。わが国の民法の離婚原因や手続きで、破綻した結婚からどの程度自由になれるかを、次の「さまざまな離婚の形式」で説明します。

離婚後の自由な生活——離婚法の目的その2

現代の離婚法の目的の第2は、破綻した婚姻から回復した後、当事者が、本当に自由に生活できるかどうかの問題です。さまざまな問題がありますが、なんと言っても、①子どもがいる場合に、離婚前と同じように、子どもが実両親の愛情を受けて幸せに生き、成長発達していけるかどうか、および、②離婚後の生活手段が保障されているかどうか、という二つの問題です。離婚後の生活が幸せにできないのであれば、現実に離婚に踏み切る人も少なく、第1の目的も十分に生かせないことになってしまうでしょう。

離婚後の生活の保障については、2章［2－2］「大切なお金の話」に説明してあります。離婚後の子ども問題については、4章に子どもの権利条約の理念をどのようにわが国の離婚法に読み込むかを中心に詳述してあります。

（福田雅章）

3−3

さまざまな離婚の形式

離婚とは、いったん有効に成立した婚姻を解消することです。離婚のほかにも婚姻が解消される原因には、夫婦の一方の配偶者の死亡（規定はないが当然のことと考えられている）や夫婦の一方の配偶者が失踪宣告を受けた場合（民法31条）がありますが、圧倒的多数の婚姻の解消は、離婚によって行われます。離婚もその9割が、①両当事者の協議（話し合い）だけで決着のつく協議離婚です。協議が整わない場合には、裁判所の関与する②調停離婚、③審判離婚、そして④裁判離婚（判決まで行かないで、裁判官の和解案で決着する⑤和解離婚）等が用意されています。あなたもこれらのいずれかを用いて離婚をすることになると思います。

まず、離婚の前に当事者同士の話し合いを

ふたりが自分たちの意思で離婚内容を決定し、十分に納得したうえで離婚することが、どのような形式の離婚を用いるかは別として、離婚を円満に解決し、将来の新しい出発点を一日も早く築くためにどうしても必要なのです。ふたりだけでは争いになって、とても話せないというのであれば、信頼できる第三者や、相談員、あるいは弁護士等に立ち合ってもらうのもよいでしょう。最低でも

次のことは、ぜひふたりでしっかり話し合ってください。

離婚する前に当事者同士でどうしても話し合っておかなければならないこと

(1) 離婚するか、しないか
(2) 子どものことをどうするか（親権、養育費、面会交流等）
(3) 金銭に関することをどうするか（慰謝料、財産分与、婚姻費用等）

話し合いができない事情

とくに、子どもがいる場合には、親権の争奪や自分に有利な面会交流を獲得するための争いが激しく、話し合いなんて一切できない雰囲気です。子どもと同居している親は相手方がどんなに話し合いを申し込んでも、それに応じようとせず、拒絶する場合が多いです。同居親と子どもの関係が曲がりなりにも大過なく過ごせている限り（これを〝継続性の原則〟という）、ほぼ確実に現時点で子どもを抱えている親（同居親）に親権を取得させるという慣例を維持しているからです。だから、自分の実父母（子どもの母方祖父母）や弁護士とあらかじめ相談して、どんなことがあっても、離婚の前に子どもを自分の元に確保しておくことが（拉《ら》致《ち》とか誘拐と非難されようとも）必要であり、これは母親側が離婚する場合の常套手段になっています。裁判官の命令によって実施される調査官の調査も、裁判官の信奉する〝継続性の原則〟に適合するようにつくられます。

協議をしていなかったために……

協議をして、ふたりの合意ができれば、そのまま協議離婚をすればよいでしょう。しかし、調停や審判や裁判に移行しますと、とくに弁護士がつくと当事者同士が直接連絡したり、話すことは禁止されますので、前記三つの重要なことを、当事者同士で直接、自由に話す機会はほとんど不可能になります。弁護士が、子どもの権利の実践や離婚弱者のために両当事者の直接面談の仲介の労をとってくれさえすれば、離婚裁判は両当事者にとってはるかに建設的なものになるのですが、そんな弁護士はほとんど皆無です。弁護士や調停員や裁判官等を通して、あるいは書面を通して間接的にしか、意見を交換することができなくなってしまうのです。

その結果、相手がうそを言ったり、証拠をねつ造しても、その真偽を直接確かめたり、反論したり、話し合うこともできなくなります。一つひとつ証拠を用意して、裁判官や調停員等を通して、あるいは書面を通して間接的に反論することは、もうほとんど不可能です。

「こんなはずではなかったのに！」

今までの人生を乗り越えて新しく豊かな人生に歩み出せると思っていたのに、司法という制度を通して「こんなはずではなかった」と到底納得できない離婚へと追いやられてしまうのは、きわめて悔しく、残念なことです。実は、日本の離婚裁判がこのような状況になっている大きな理由の一つは、日本の離婚制度が、古色蒼然《こしょくそうぜん》たる単独親権制度を未だに採用しているからです。いずれか一方にしか、親としての資格（養育資格）が付与されない単独親権制度のために、親権を獲得できなかった親は「私はこの子の母親だ／父親だ」と名乗れなくなるばかりか、日常レベルの子どもの世話（養育）も同居親が拒否すると一切できなくなってしまうという残酷な制度です。

　たしかに親権は片方の親しか取得することができませんが、面会交流の実施内容は、当事者、弁護士および裁判所の協議によって、子どもの利益に適《かな》うように工夫することができます。そうであれば、面会交流の実施内容として、調停調書や審判の決定などで、実質的な共同養育を実現することが容易にできるはずです。これが実現できないのは同居親のわがまま、そんな親を忖度《そんたく》して利益追求に走る弁護士、そして事なかれ主義に事件数をこなそうとする裁判所の合作の所産です。

　いずれの親につく弁護士であるかを問わず、離婚法の存在目的である離婚弱者の保護および子どもの権利の擁護のために、弁護士は、「基本的人権の擁護」および「社会的正義の実現」といった己《おのれ》の本来の使命をまっとうすべきです。少なくとも、まず、両当事者が離婚の問題を直接自由に話し合えるような機会をつくってあげ、次いで、面会交流を通して共同養育プランを実質的に実現してあげることは、弁護士に可能な社会的使命と言えるでしょう。

　離婚手続きに入る前に両当事者が直接に話し合うことは、納得した離婚によって再出発を容易にするというだけでなく、「言った」「言わない」という争いを少なくします。また、弁護士に説明したり、調停員に話したり、裁判所に文書を提出したりするための資料（メモ）としても、大変役に立ち、重要です。当事者同士で話し合った結論は、口約束ではなく、離婚協議書（99頁【別紙1】参照）を作成し、合意内容を明記しておくことが大切です。離婚協議書は、養育費や慰謝料の未払いに備えて、公正証書で作成しておくことをお勧めします。

協議離婚

民法７６３条は「夫婦は、その協議で、離婚をすることができる」と規定して、当事者の間で離婚の合意が成立すれば、裁判所などの公的機関が一切関与することなく、市役所等の窓口に離婚届けを提出するだけで離婚が成立することを認めています。「意思の確認」も、婚姻が実際に破綻しているかどうかの確認（一定の別居期間の要請）も求められません。離婚の理由も問われません。単に離婚届けを提出しさえすれば離婚は成立するのです。婚姻届けの場合とまったく同じです。これだけ自由な手続きで離婚を認める制度は世界にも例がありません。

日本の協議離婚制度は、離婚の問題を両当事者の自主的な解決に委《ゆだ》ね、国家の介入を一切認めないという点で、家族のプライバシーを守る優れた制度です。先に述べた離婚法の第1の目的も完全にクリアされています。が、第2の目的については、完全に当事者の意思によって協議離婚の内容が決定され、だれからもチェックされないので、十分に保障されているかどうかは定かではありません。協議離婚が十全に機能するためには、当事者の対等性と誠実に話し合える理性が必要ですが、日本の現実は必ずしもそうはなっていません。

協議離婚の手続き

離婚が成立するためには、離婚の意思と戸籍法上の届けという二つの要件を満たすことが求められます。役所に行って離婚届用紙をもらい、それに必要事項を記入して、それぞれが署名捺印して役所に提出します。離婚届用紙はどこの市区町村の窓口でももらえます。離婚届けは役所の窓口が開いていない時間外でも提出することができます。協議離婚届けは、夫婦そろってふたりで提出しても、どちらか一方だけが提出してもかまいません。

離婚届けの記入

離婚届けの記入には、いくつかの注意しなければならないことがあります。子どもの姓や、子どもの籍をどちらにするか。印鑑もいろいろありますので、間違えないようにしなければなりません。一緒に用意したり、提出したりしたほうがよい書面もあります。必ず事前に役所の窓口で相談してください。丁寧に説明してもらえます。協議離婚の際に両当事者が協議して決定した、どちらが子の親権者（および監護権者）になるかを、離婚届けの指定の欄に記入することも忘れないようにしてください。また、「養育費と面会交流の取り決めをしたか」どうか尋ねる質問欄もありますが、白紙で出しても、うそを書いても受理されます。しかし、養育費と面会交流は子どもの将来を左右する大切なことです。面会交流の取り決めがないと別居親は、子どもにとって存在しないものと同然になってしまうこともあります。きちんと話し合って、書面に残してから離婚しましょう。

協議離婚の問題点

①　離婚の意思

形式的に内容が整っていれば、離婚は成立します。その結果、たとえば、早く相手方の署名が欲しいため、自分の署名捺印した離婚届けを相手方に預けていた場合など、届け内容を変更しようと思ったり、もう少し離婚を止まってみようと思ったりしても、相手方が離婚届けを役所に提出してしまえば、離婚は正式に成立してしまいます。離婚の意思は書類の提出時を基準に判断されますので、それを訂正するためには家庭裁判所の決定を得なければできません。

②　不受理申出制度

配偶者の署名欄に勝手に署名したり、勝手に親権者を指定された離婚届けを提出したりする行為は無効になります。さらに刑法上の犯罪（たとえば、刑法157条1項、159条1項、161条1項の偽造罪等）に問われる可能性もあります。離婚を前提に新しい恋人と関係を持った男性が勝手に妻との離婚届けを出した場合も同様です。

このように離婚届けを勝手に作成したり、提出したりされるのを事前に防ぐために、不受理申出制度があります。これは、自分の知らない間に自身の意思に基づかない届け書が提出され、戸籍に真実でない記載がされるのを防止するための制度（戸籍法27条の2第3項）で、離婚届けのみならず、婚姻届け、養子縁組届け、養子離縁届け、認知届け等でも利用できます。実際には9割以上が協議離婚届けです。２０１９年の協議離婚届け数18万３６７３のうち不受理申出件数は約３万。協議離婚届け全体の約16％です。これだけの高率で不受理が存在するということは、協議離婚の際の協議が対等かつ理性的な状況で行われていないことを示唆していると言えるでしょう。

③　弱者保護のための後見的役割の必要性

現在、子どもを抱えた離婚家庭の貧困問題等がクローズアップされています。破綻した婚姻からの解放とともに、弱者保護および公平性の見地から、離婚後の親子の幸せな生活および経済状態を確保するために、国家が離婚時に積極的に介入することが求められています。住宅支援、離婚給付、さらには子の成長発達を保障するための家庭裁判所の積極的な介入は、離婚法の目的と理念を貫徹するためにも不可欠です。

また、家庭内暴力や虐待、家庭放棄のために、妻が一日も早い離婚を望んでいても、協議が整わず、なかなか離婚できない場合もあります。近年では、いわゆるＤＶ防止法等によって、公の支援が受けられるようになりましたが、母子のための住宅や生活費確保の充実、監護や面会交流等についても家庭裁判所の迅速な助言や介入が求められます。

ただここで注意しなければならないのは、近年では、妻側の事前の〝子どもの連れ去り〟や〝虚偽DV〟の主張、さらには〝根拠のない人格誹謗〟等によって、夫側が別居や離婚を強いられ、面会交流を大幅に制限され、子どもに会えなくなっているようなケースも増えているという点です。しかも問題なのは、妻から依頼された弁護士が、この傾向を、強力に推し進めているということです。裁判所も何もしてくれません。

調停離婚

協議が整わず協議離婚が成立しないと、両者の言い分を裁判所に申し立て、判決によって決着することになりますが、離婚訴訟提起前にまず調停にかけられることになります（家事事件手続法244条）。これを調停前置《ぜんち》主義といい、特別な場合を除いて、この調停をとばして裁判へ進むことはできません。この制度は、争って協議のできない夫婦の間に調停員が入ることによって可能な限り離婚を回避し、子の養育環境と社会の安定を維持しようとするものです。

家庭裁判所に調停を申し立てると、双方の日程が調整され、「調停期日呼出状」が届きます。通常、3回ほどの調停で準備期間を入れても半年ほどで終了します。調停は、調停員2名の待ち受けている家庭裁判所の調停専用の小部屋で、相手方と交互に呼ばれて、行われます。それまでは相手方とは別々の待合室で待機していますので、相手方と顔を合わせたり、話したりすることは原則としてありません。調停と言っても、争っているふたりがそれぞれの主張を調停員の面前で出し合い、調停員がそのやり取りを聞いて、意見を述べ、折り合いをつけ、合意に導くといったものではありません。調停員は、たとえば、まず夫とその弁護士を調停室に呼び入れ、主張や意見や返答を聞きます。次いで、夫側には待合室に下がってもらい、今度は妻側を呼び入れ、夫の述べたことを伝え、返答や意見を聞きます。交互にこのようなやりとりを繰り返して調停を進めますが、あくまでも調停員を通しての間接的なやりとりですので、問題の核心に触れた論点整理や合意に達することは、ほぼ不可能です。あまり多くを期待してはいけませんし、いったん調停が成立すると確定判決と同じ効力が認められるので、納得のいかない箇所を残して合意するようなことをしてはいけません。

双方が調停内容に合意し、担当裁判官が妥当と認めると、調停は成立し、「調停調書」が作成されます。申立人は離婚届けと調停調書謄本《とうほん》を持って、10日以内に市区町村役場で離婚の手続きをします。合意できなかった場合は、調停不成立となり、裁判離婚へと進みます。

審判離婚

前記の調停において両当事者が離婚することには合意しているが、財産分与とか親権などをめぐるわずかな意見の対立があったり、嫌がらせで調停期日に出頭しないような場合には、裁判所の職権で審判を開き、離婚を認めることができるもので、これを審判離婚と言います。ただ、2週間以内に何もしないと審判の効力は失われるという脆弱《ぜいじゃく》性もあって、あまり利用されていません。

裁判離婚

協議離婚は両当事者の合意によって成立するものですが、裁判離婚の特徴は、一方当事者が「嫌だ」と言っているのに、言い換えると、片方が離婚に同意していないのに、裁判所が介入して、他方当事者の離婚請求を正当と認めるという点にあります。

この正当化事由を離婚原因と言って、民法は五つの離婚原因（770条1項1〜5号）を定めています。しかしそれらが存在している場合であっても、裁判官の裁量により離婚を認めない請求棄却条項を規定しています（ただし、5号を除く）。

「1　夫婦の一方は、次に掲げる場合に限り、離婚の訴えを提起することができる。

①　配偶者に不貞な行為があったとき。

②　配偶者から悪意で遺棄されたとき。

③　配偶者の生死が3年以上明らかでないとき。

④　配偶者が強度の精神病にかかり、回復の見込みがないとき。

⑤　その他婚姻を継続し難い重大な事由があるとき。

2　裁判所は、前項第1号から第4号までに掲げる事由がある場合であっても、一切の事情を考慮して婚姻の継続を相当と認めるときは、離婚の請求を棄却することができる。」

第2項の請求棄却条項は、裁判官の広範な裁量に委《ゆだ》ねていますが、これでは裁判官の倫理や主観によって左右されるおそれがあります。ですので現在では、「離婚が配偶者または子に著しい生活の困窮または耐え難い苦痛をもたらすとき」と限定的に解釈されています（民法改正要綱案と同旨）。もともと同請求棄却条項は明治民法の規定を受けて制定されたものです。同条項の解釈を右記のように限定することによって、弱者保護という離婚法の目的が純化されたと言えます。

前記五つの離婚原因については、それぞれ独立した離婚原因を認めたのではなくて、「婚姻を継続し難い重大な事由があるとき」と規定する5号の破綻主義の例示規定と解釈されています。たとえば「不貞行為」なのか「悪意の遺棄」なのか不明な場合には、両方を主張することができます。ここにも、離婚原因の本質が有責主義から破綻主義へと移行していることがうかがえます。

五つの離婚原因

①不貞行為（民法770条1項1号）

不貞行為という言葉は、戦後の民法改正に際して、戦前の「姦通《かんつう》」に代えて用いられるようになりました。本来もっと広い意味で用いられ、性行為の存在を示唆《しさ》する関連行為（ラブホテルに滞在や、一定の場所での抱擁等）も含まれますが、戦後の実務では「夫婦の一方が、自分の意思で配偶者以外の者と性行為をすること」と限定的に解釈されてきました。「不貞」はそれ自体が離婚を正当化する具体的な離婚原因であり、裁判官の恣意《しい》的な判断を排除するためにも望ましいことです。

　他方で、肉体関係・性的関係があっても、弱者保護の観点から不貞とは認められない場合があったり、またすでに夫婦の信頼関係が破壊されたあと（たとえば別居後一定期間経過したあと）に行われた性的行為は、不貞とは言えません。

②悪意の遺棄（同2号）

　悪意の遺棄とは、「夫婦関係が破綻することを認識または認容して、正当な理由なく、夫婦の同居協力扶助義務に違反する行為をすること」で、病気の配偶者を置き去りにして長期間生活費を送らない、配偶者を家から追い出す、不貞相手と長期間同棲して生活費を送らないような場合を言います。単に日常の家事の分担を行わない場合などは含まれません。

　裁判所が悪意の遺棄に基づく離婚や慰謝料を認めるケースは少ないです。悪意の遺棄を証拠で証明することは大変難しく、別居が長期にわたる場合には、まず婚姻費用分担請求の調停を申し立てることをお勧めします。

③3年以上の生死の不明（同3号）

　最後の音信や消息が途絶えてから3年経過し、生死不明である場合には、離婚訴訟を起こすことができます。婚姻の破綻が明白で、江戸時代以来の古い離婚原因ですが、近年はあまり意味がなくなっています。生きているかもしれないけれど、これ以上忍耐強く待つ必要はないとの判断で離婚が認められるもので、相続はできません。この点、失踪宣告の場合（7年間生死不明）は死亡とみなされ、婚姻が解消され、相続が開始されます。

④回復の見込みのない強度の精神病（同4号）

「配偶者が強度の精神病にかかり、回復の見込みがないとき」は、離婚訴訟を請求できます。これは離婚法の二つの目的がせめぎ合う典型例です。一方で配偶者の強度の精神病によって破綻してしまった婚姻から他方の配偶者を解放し、その自由と幸せを維持すべきだという要請と、強度の精神病にかかった配偶者に対する他方配偶者の扶助協力義務を尽くさせるべきだという離婚弱者保護の要請が真正面からぶつかります。判例や学説でさまざまな議論が展開されましたが、現在では離婚法の二つの目的を達成するために、精神病者である離婚弱者を保護する「具体的な方途」を緩やかに認めて離婚を容認するに至っています。具体的な方途には、①離婚請求者の金銭面を含む救済の意思表示、②看護体制が整ったこと、③国の費用負担が可能であること、④関係機関の内諾が得られていることなどが含まれています。精神病者である配偶者は意思無能力者とされるため、禁治産宣告を申し立て、後見人等を相手に離婚請求を起こすことになります。

なお、民法改正要綱案では、精神病者に対する偏見につながるとして、精神病は離婚原因から除去されており、すべて5号の一般的な「その他婚姻を継続し難い重大な事由があるとき」の問題として処理されています。

⑤その他婚姻を継続し難い重大な事由があるとき（同5号）

1号から4号までの具体的な事由がなくても、「その他婚姻を継続し難い重大な事由があるとき」には離婚を請求できます。「婚姻を継続し難い重大な事由」の典型は、夫婦の両当事者が継続の意思がない場合で協議離婚ができます。問題になるのは一方当事者だけが継続し難い場合です。婚姻は両当事者の合意によって成立しているのですから、離婚を拒否している者の意思を否定してなお離婚を正当化するためには、一方当事者の単なる主観的なものでは足りず、何人もが「これでは婚姻を継続するのは難しい」と考えるような場合に限定されるべきです。

判例が5号にあたるとした事由には、①暴行・脅迫・侮辱《ぶじょく》、そのほか犯罪行為、②浪費癖・勤労意欲の欠如など夫婦の協力扶助義務に著しく悖《もと》る（=反する）行為、③性交不能や拒否、異常な性交要求などの性生活の不一致、④性格・人生観・宗教観・生活感覚の不一致や愛情の欠如などの精神的な事由、⑤嫁や舅問題など相手親族との不和、などがあります。両当事者の信頼関係がどのように崩壊してきたかを証拠によって客観的に立証し、夫婦関係が破綻しており修復の可能性も見込めないことを納得させることが必要です。

（福田雅章）

【別紙１】

離婚協議書

田中太郎（以下甲という）と田中花子（以下乙という）は、甲乙間の婚姻の解消に関する件について、以下のとおり合意する。

第１条（離婚の合意）
甲及び乙は、________年________月________日をもって協議離婚することに合意する。

第２条（親権および監護権）
甲乙間の長男一郎（__________年________月________日生）、次男二郎（__________年________月________日生）の親権者を乙と定める。

第３条（養育費）
甲は乙に対し、前記子らの養育費として、離婚成立の翌月から成人に達する月まで、１人につき月____________万円を、毎月末日限り乙が指定する口座に振り込んで支払う。振込手数料は甲の負担とする。

第４条（面会交流）
乙は、甲が前記子らと月________回________時間、面会交流することを認める。但し、子らの成長にしたがい、定期的に頻度や時間を見直すこととする。

第５条（財産分与）
甲は、本合意成立後ただちに、________万円を一括して、乙が指定する口座に振り込んで支払う。振込手数料は甲の負担とする。

第６条（清算条項）
甲及び乙は、以上をもってすべて解決したものとし、今後、財産分与、慰謝料等名目の如何を問わず、相互に何らの財産上の請求をしないことを約する。

以上の合意成立を証するため、本書２通を作成し、甲乙が署名捺印の上、各自１通を保有する。

________年________月________日

（甲）住所
氏名　　　　　　　　　　　　　印

（乙）住所
氏名　　　　　　　　　　　　　印

CASE

争うよりも協議離婚の勧め

小学校の入学式を10日後に控えた子どもが、5年前に義母（姑）と夫に「連れ去り」された経験を持つ美佳さん（40代）は、1年の別居生活を経て、4年前に協議離婚しました。子どもはいつの間にか70代の義母と父親の3人で生活しており、連れ去りは「父親が親権を取りたかった」ことが理由のようです。

　実は、子どもは4歳のときにも連れ去られています。そのとき、家裁調停・審判・離婚調停・和解を経て、家族の再生を望みました。しかし、その暮らしは、あからさまな父親の「養育実績」の積み重ねに見えました。そこで、2回目の連れ去りを機に、最終的には協議離婚をすることにしました。小学生になったばかりの幼い子どもを想うと、熾烈な家裁での争いや、数年にも及ぶ離婚裁判は避けたいと考えたからです。

　これまでの調停をした経験からすると、面会交流も制限されるはずです。「争うよりも、子どもが小さいうちに早く、たくさん会いたい」とも思いました。父親もまた、長引く調停等を避けたかったようです。

　そこで、1年の別居期間は、父母それぞれの弁護士を代理人として親権や面会交流などの、子どもの養育について話し合いをしました。美佳さんは自身の弁護士とけんかになるほど、養育条件を主張し、弁護士を変えるまでして戦いました。最初の弁護士には20万円ほど、ふたり目には、成功報酬というかたちで支払うことになり「無駄なお金ばっかり使った」と語ってくれました。

今も家族で過ごした家に

　面会交流の条件は、普段は月1回9～17時まで。夏休み2泊3日を2回。冬休み・春休みは各1泊2日を1回としました。授業参観や学校行事、習い事や子どもの所属するクラブチームのサッカーなどにも関わることができます。さらに週1回の電話の約束を公正証書に残しました。また、弁護士の勧めで、子どもの福祉を前提とする文言と、その都度、面会交流の内容の見直しをすることも付け加えました。養育している父親や義母が死去した場合や、子どものライフプランの変化を想定してのことです。仕事を続けているため別居親として月5万円の養育費も負担しています。算定表よりやや多めの金額ですが、子どもに迷惑をかけているから、「お金を払えるなら払いたい」と考えています。

美佳さんは、子どもがいつでも帰れるよう、今でも家族3人で過ごした家に暮らしています。子どもに残る記憶を大切にしたいと、離婚時に名義変更し、住宅ローンを引き継いだのです。交流時、子どもはそのままにされた自分の部屋で寝ています。

相手の悪口は絶対言わない

当初、大泣きするなど面会交流の前後は不安定だった子どもですが、離婚から1年経過した今は、さほど問題を感じていません。父親が、子どもの不安定を理由に会わせないと告げてきたこともありません。家がそのままであり、元の場所に帰れること、週1回電話で話をできることがポイントだったのではないかと美佳さんは考えています。

美佳さんは、「お父さんと仲良くできなくてごめんね」と子どもに説明していますが、父親が子どもにどう説明しているのかはわからないままです。また、親同士の約束で、相手親の悪口は絶対に言わないようにしています。美佳さんも「子どもがお父さんのことをすごく好きなので、いいお父さん」として子どもと関わるようにしています。

とはいえ、婚姻時には、「私のことをバカにしている節があったので、一緒にいたら子どもに悪い影響を与えるのでないか」と感じていたと言います。

面会交流時には、往復2時間かけて子どもを父親の元に送り迎えしています。また、交流に関する連絡も直接、父親とメールで行っています。交流時には、保育園時の友だちを招いて遊んだり、友だち家族と旅行に行ったり、近所の遊園地や祖母宅で過ごしたりさまざまに工夫しています。ママ友は頼りになる存在で、「たまにしか会わないのに、親子でべったりでなく、今までと同じ距離感でいられるのがすごい」と言ってくれます。

授業参観日には子どもの姿を見ようと、父親と場所の奪い合いです。運動会などは、そのまま保護者と自宅に帰ることになっているため、子どもが気を遣って「お母さん、もう帰っていいよ」とも言ってくれます。

美佳さんは、親しい人にだけ離婚や面会交流について伝えています。一方で、勤務先には伝えず、姓も元のままです。子どもにとって親であることがわかるように、という配慮からです。

（青木智子）

3－4

祖父母の影響

離婚の争いを激化させ、面会交流を困難にする大きな要素に、父母の背後にいる援助者たる親族、とくに子どもの祖父母の影響があります。もし、同居親の援助者である子どもの祖父母が、別居親をとことん排除しようとし、子どもが別居親と面会交流するのを妨害したりすると、大きな悲劇が起こります。そこには、いわゆる嫁―姑問題、婿―舅問題にとどまらない、もしかしたら何世代にもわたって同居親の家族に受け継がれてきた問題がうかがえることがあります。たとえば、①同居親とその両親（多くの場合は娘である同居親とその母親）が密着関係にある、②同居親の両親が非常に支配的である、③同居親の両親の不和など家族が崩壊している、④同居親の両親が子ども（同居親）や孫に異常に執着している、⑤他者からは理解できないほどに高い〝家（家門）〟に対してのプライド、などです。

「内孫」や「外孫」などの言葉があり、「里帰り」や「出戻り」が珍しくない日本では、子どもは「○○家のもの」であるという感覚も、根強くあります。また、「○○家のもの」である子どもを立派に育て上げるのは「○○家の者をおいてほかにはない」という思いもあるでしょう。そもそも別居親を「どこの馬の骨とも知れない輩が、家の大事な娘・息子をたぶらかした」と考えており、「できれば娘・息子を取り戻したい」と、機会を狙っていることもあります。すでに社会的にリタイアし、時間や金銭に余裕があったりする子どもの祖父母の影響は絶大なものがあります。そんな子どもの祖父母が、老後の生きがい、もしくは現役のときにはできなかった理想の子育てのやり直し、または別居親への仕返しとして、孫育てに没頭し、別居親を遠ざけることも珍しくありません。

「子どもを育て上げるのは自分たちの使命」と主張する父方祖父母

祥子さん（40代）も、そうした同居親（子どもの父親）の両親（父方祖父母）に子どもを奪われた犠牲者です。祥子さんと父親（元夫）が別居したのは十数年前。別居の主な原因は、仕事が忙しく家庭を顧みない父親と祥子さんの不仲でした。別居当初、8歳だった子どもは祥子さんと暮らすことになりました。父親は海外出張が多く、子どもの面倒をほとんどみたことがありませんでしたから、それは当然の流れでした。もちろん、子どもは祥子さんにとても懐《なつ》いていました。

ところが、別居にともなうストレスから祥子さんの精神疾患が悪化したことで事態は一変します。祥子さんが入院することになり、子どもは、いったん児童相談所に保護されました。3カ月後、児童相談所と祥子さんの間で、子どもを戻す話し合いをしていたところ、父親と父方祖父母が子どもを引き取ると言い出しました。「それはおかしい」と祥子さんも抗弁しましたが、精神的に不安定だったことから、結局、子どもは父方に引き取られることになりました。「母親（祥子さん）の生活が落ち着いたら、必ず子どもを返す。面会交流もきちんと行う」（父親）との約束で。

しかし、その約束はいとも簡単に反故《ほご》にされてしまいました。仕事で不在がちな父親に代わって子どもを養育している父方祖父母は「病気の母親になんか任せられない。子どもを立派に育て上げるのは自分たち祖父母の社会的使命だ」と、平然と調停や審判でも主張しました。子どもの前でも祥子さんの悪口を言い、祥子さんが子どもと会うことを徹底的に邪魔しました。一方、子どもに会えず、思い詰めた祥子さんは、子どもを待ち伏せして声をかけるなどし、どうにかして子どもを取り返そうとしました。祥子さんと父方祖父母の葛藤は高まり、その間に挟まれた子どもは、次第に祥子さんに対して拒否的になっていきました。面会交流を申し入れても、子ども自身が激しく拒むようになったのです。そんな子どもを盾に取り、父親と父方祖父母は、「子どもが『会いたくない』と言っている。子どもが『会いたい』と言うまでは、面会交流を認めるべきではない」と、祥子さんを突っぱねました。裁判所もこの主張を認め、祥子さんはずっと子どもと会えないままです。

百歩譲って、もし祥子さんの精神疾患が重く、日常的に子どもを世話できない状態があったとしましょう。しかしそれでも、「子どもとまったく会わせないほうがよい」理由にはならないはずです。

姑と母子密着関係にある父親による子どもの連れ去り

昨今、離婚をめぐってよく耳にする事象に「子どもの連れ去り」があります。片方の親が、もう片方の親の合意なく子どもを連れて、家を出ていくことです。被害に遭うのは、ほとんどが父親で、その後、子どもと会えなくなることが多くあります。しかし、なかには真由美さん（50代）のように、母親が被害者となるケースもあります。「まさかお腹を痛めて産んだ我が子と会えなくなるなんて、考えたこともありませんでした」と言う真由美さんは、父親とその母（父方祖母）によって、子ども（当時8歳）と引き離されました。「夫婦関係をやり直したい」と言う父親の言葉を信じ、父親の実家のそばに新築の一戸建てを購入し、引っ越した直後の出来事でした。

当時、真由美さん夫婦の関係は冷え切っていました。父親は、女手一つで自分を育ててくれた父方祖母（姑）を大事にし、何もかも姑優先。姑も「私と息子（父親）はふたりでひとり」と公言してはばかりませんでした。そんな姑と密着関係にある父親との危うい結婚。それが一気に悪化したのは、真由美さんが「出産後も仕事を続ける」と告げたときからでした。姑も父親も、「子どもができたら女性は仕事を辞め、家に入り、夫と子どもに尽くすべき」という考えでした。

それからというもの、父親は真由美さんが風邪で寝込んでいると「家事を怠っている」と責め、息子が保育園の登園をしぶると「本来は行く必要のない所に（真由美さんが仕事を続けているせいで）無理やり行かせている」と言いました。近所に住む姑は「嫁失格」「息子（父親）に負担をかけて、その仕事を邪魔している」などと罵《ののし》りました。針のむしろのような日々に、心身ともに参ってしまった真由美さんはとうとう休職に追い込まれます。

そんなある日、姑から父親に電話がかかってきました。電話を切ると、父親は唐突に「おまえのせいでお袋（姑）が参っている。距離を置いてほしい」と、真由美さんにしばらく実家に帰るよう迫りました。訳がわからず、実家に戻ることに不安を感じた真由美さんでしたが「姑の体調が悪化して、もっと関係がこじれるのは困る」と思い、父親に従いました。子どもには学校があったため、一緒に連れて行くことは諦めました。

2週間後、父親に連れられて真由美さんの実家にきた子どもは、真由美さんの顔を見るなり「帰る、帰る」と泣き出し、自分の頭や腹を叩くなどの自傷行為を始めました。「（真由美さんの実家では）貧乏生活になるから嫌だ」と口走り、父親がいなくなると「パパに電話する」と父親への電話を繰り返しました。ところが夜中12時を回ったころから態度がころっと代わり、「ママ、ママ」と甘えるいつもの子どもに戻って、翌朝、父親が迎えにきてもなかなか帰ろうとしませんでした。

その後、二度と父親が子どもを連れてくることはありませんでした。

「おそらく、父親や姑は私や実家の悪口をいろいろ吹き込み、子どもが私を嫌うように仕向けていたんだと思います。それなのに、私と一晩過ごしただけで、子どもがまた私に懐いていたことに驚き、『会わせたらダメだ』と思ったのではないでしょうか」（真由美さん）

子どもを連れてこようとしない父親の態度に業《ごう》を煮やした真由美さんが自宅に戻ると、そこはもぬけの殻。子どもは父親と一緒に、すぐそばにある姑の家に引っ越していました。それからというもの、授業参観に行くと、子どもは露骨に嫌な顔をし、真由美さんを教室から追い出そうとしました。子どもが使う最寄り駅で待っていた真由美さんが声をかけると、子どもは血相を変えて逃げ出したこともあります。面会交流は「子どもが嫌がっているから」（父親）と一度も実現していません。

機能不全家族の象徴としての子どもの拒否意思

暴力や経済的困窮、両親の不仲、家族メンバーの依存症などによって、家庭（家族）が子どもにとって安心感・安全感のある居場所ではなくなってしまう家庭、子どもが育つ機能を果たさない家庭を機能不全家族（家庭）と呼びます。そんな機能不全家族のなかで育つ子どもが、家族を支え、家族の崩壊を避けるために親の愚痴の聞き役を務めたり、親や弟妹の面倒をみたりして、親の期待に応える〝良い子〟を演じるようになることは、よく知られています。

親の希望・期待に沿う生き方に縛られた〝良い子〟は、やがて自分の感情や望みもわからなくなっていきます。そのため、自分のために生きることができなくなり、親のため、他者のために生きることに生きがいを求めるようになります。他者の目や評価が気になるので不必要な罪悪感にさいなまれることも多くなります。「価値のない本当の自分などだれも受け入れてくれない」と信じているので、だれかに必要とされようと必死になります。その先には、ひとりぼっちにならないよう、自分を捨ててだれかのために尽くしたり、利用されたりする、孤独で不幸な人生が待っています。

家族の役割やその境界線があいまいで、同居親とその両親（子どもの祖父母）が子どもに固執・依存して抱え込み、別居親を排除して攻撃し合う機能不全家族が子どもに与える影響は深刻です。親権や面会交流を争う父母（とその親族）の葛藤の狭間《はざま》に立たされた子どもは、日頃、面倒をみてくれる同居親らに捨てられないために、同居親が望むこと、その期待を自らのものとして引き受け始めます。その結果、自らの人生を生きられないということが生じます。

子どもが同居親の望みどおり面会交流を拒否するようになるのだとしたら、それはまさに機能不全家族、家族問題の象徴とも言えるでしょう。

（木附千晶）

3−5

有責主義の問題

日本では古くから、決まりを破った人には罰を与えて、秩序を守ってきました。そんな日本の社会システムは、現代まで脈々と受け継がれているのかもしれません。たとえば、婚姻中に別の相手と関係を持った人は、法律的に「罰」を受けます。不倫した人は、配偶者に慰謝料を支払わなければなりません（民法７１０条、７７０条）し、離婚したくても、相手が嫌だと言えば認められません（同８１４条）。「婚姻を破綻させた者には罰を与えるべき」とする考え方を、「有責主義」と言います。生涯を共にすると誓った夫婦が約束を破らないよう、国が私たちを管理制限しているのです。不倫をした人には、社会的制裁も与えられます。「文春砲」と呼ばれる週刊誌の芸能ゴシップや大手ニュースメディアの掲示板を見れば、不倫叩きの苛烈《かれつ》さは一目瞭然です。不倫によって社会的地位を失った著名人は、枚挙にいとまがありません。

日本以外のほとんどの国では、政治家やタレントの不倫はたいした問題になりません。ゴシップ誌のネタにはなりますが、それが原因で仕事を失うとか、謹慎に追い込まれるといったことにはまずならないようです。司法も不倫問題には介入しません。浮気などの問題が起きた時点ですでに夫婦関係は破綻しており、一方だけの問題ではないと判断されます。このように「関係が破綻しているなら離婚を認めてもよい」とする考え方は、「破綻主義」と呼ばれます。

私はここで、不倫の是非を問うつもりはありません。ただし、子どもにとって親の不倫は、どんな影響を及ぼすでしょうか。ここでひとつ、事例をご紹介します。

その夫は2年前のある日、突然妻に子どもを連れ去られました。妻からは離婚を求められていて、このまま離婚すると、子どもの親権を失ってしまいそうです。そこで夫は、離婚はしたくないと考えました。裁判所から離婚を認められないためには、妻の不貞を証明するしかありません。「有責配偶者からの離婚請求は認められない」と主張したのです。

家庭裁判所の法廷で、本人尋問が行われました。証言台に立った妻は「不貞などしていません」と反論したので、論点は不貞行為があったかどうかの事実認定にしぼられました。夫側からは、妻が浮気相手とホテルに出入りする写真や、妻のSNSの画面コピーなど、生々しい証拠が次々と提出されました。

この夫は、子どもへの思いを強く持った父親でした。子どものために裁判を争ったのは、間違いありません。しかし、子どもの親権を失わないため、妻の不倫を徹底的に暴かなければならなかったのです。探偵に尾行されていたと知らされた妻は、どんな気持ちがしたでしょうか。その後、裁判所からは「離婚を認めない」とする判決が出ました。父親は親権を失わずにすみました。

しかし、いまだに子どもとは会えていません。子どもは不登校になっていました。

この事例が示すのは、子どもを苦しませるのは不倫そのものではなく、父母の争いに巻き込まれることだという教訓です。離婚後の子どもの利益とは、両親がもめないことです。有責主義は親同士を争わせ、争う親の姿を目の当たりにする子どもにとって有害だとご理解いただけたでしょうか。

破綻主義の国々では、何が起きているでしょうか。浮気性な人のわがままがまかり通る、不道徳な社会になっているのでしょうか。相手の都合で離婚することになったら、諦めて受け入れなければならないのが、破綻主義です。一方的なわがままでパートナーを見捨てるような不道徳な人も、法律的な罰や社会的制裁を受けることはありません。その代わり、もっと手痛いしっぺ返しを受けることになります。「罰」を下すのは、知人であり、子どもです。破綻主義の社会では、「お上」や「世間」が悪い人に罰を与えてくれませんから、一人ひとりの「個人」が自律的に他者を評価します。いくら外面を取りつくろっても、知人から軽蔑され、子どもから「毒親」とうとまれます。

パートナーと離別した原因を、相手のせいにしたいでしょうか。離婚すること自体は、必ずしも問題ではありません。関係が冷え切って修復の見込みが立たないなら、世間体のために婚姻を続けるよりは、離婚して争いをやめたほうがよほど子どものためです。離婚後に父と母としての関係性に移行するほうが、建設的な生き方と言えます。そのために、一人ひとりが主体的に対人関係を形成していくのが、破綻主義の社会です。日本の司法制度も少しずつですが破綻主義に向かいつつあります。結婚という「かたち」より、個性や心のつながりといった「中身」を大切にするような新しい時代に私たちは踏み出そうとしているのです。

（森本京介）

3－6

弁護士の選び方

弁護士を選ぶ前に

離婚はふたりの人間関係のもつれの所産であり、それはふたりでつくり、ふたりで大きくしたものです。きっと心の底には、「本当にこれでいいのだろうか」という疑念とモヤモヤがうごめいているはずです。そしてそのモヤモヤとは、見事に相手方にすべてを押しつけているあなたの情念の塊であり、実はあなたの外に出ることのできない良心なのではないでしょうか。離婚とは、そんなあなたの情念の塊を溶かし、あなたが再び心を軽くして、豊かで幸せな人生を新しく歩み出す契機であり、それこそが離婚の解決だと私は確信します。弁護士は、その解決に向けて支援してくれる人でなければなりませんが、本当に解決できるのでしょうか。

第1に、弁護士は多くの場合、離婚業務の専門家ではありません。浮気だとか遺棄（捨てて置き去りにすること）といったような離婚原因の探索なら探偵や警察のほうがはるかに専門家であり、養育費・婚姻費用・慰謝料の請求などはほぼ相場が定型化されており、また、面会交流や共同養育の拒否といった違法行為への加担、さらに〝連れ去り〟やシェルターへの雲隠れの支援等は弁護士の本業ではありません。公正証書の作成なら行政書士のほうがはるかに専門家です。

第2に、離婚の核心である人生のわだかまりを取り除き、再出発を支援する技術や資格も人格も備えている人ばかりではありません。法学部では心理学や人間関係論を学んだり、豊かな人生経験をすることもなく、ひたすら法律と判例の暗記に明け暮れています。残念ながら、心のわだかまりを中心とする人生の重大な機微である離婚を考えたり、解決するような知識も人格も持ち合わせていない弁護士のほうが多いのではないでしょうか。

第3に、弁護士法第1条は、「弁護士は、基本的人権を擁護し、社会正義を実現することを使命とする」とうたっていますが、これは単なる理念でしかなく、弁護士の仕事は、顧客である依頼者の利益と主張をとことん擁護することにあり、そうすることが弁護士倫理の要と考えられています。したがって、子どもや離婚弱者の利益を優越的に擁護することが社会的正義などとは考えられていません。子どもの権利の本質などまったく理解していないといっても過言ではありません。

第4に、実は、第3に述べたことはそのまま裁判所にも当てはまります。離婚に際して最も重要なこと、それは「子どもは両方の親の愛を必要としており、それを可能にしてあげよう！」という共通の命題であり、覚悟です。離婚しようとしている母親も父親も、それに付きそう弁護士も、さらには裁判官や調査官等すべての関係者が、それぞれ対立するのではなく、ただひとつ同じ目的を達成するための協働体の一員として子どもに向かうことです。およそ子どもに関わる限り、離婚には勝ち負けはありません。弁護士は、自分の顧客を説得し、相手方弁護士と協働し、裁判官をはじめとするすべての裁判所関係者に働きかけ、子どもの権利を擁護し、その実現に努めなければなりません。それが離婚に際しての子ども救済の道であり、正義です。子どもの権利の本質を問い直し、真に子どもの救済に相応しい司法システムを構築することが焦眉《しょうび》の急として求められています。

以上、弁護士について、きわめて悲観的なことを述べてきましたが、もちろん、弁護士のなかには、あなたの離婚の苦しみと問題を一緒になって考え、解決してくださる優秀な方もたくさんおられるはずです。次の基準を参考にしてあなたの納得いく弁護士を選任してください。

弁護士を選ぶ基準

離婚法は、①破綻した婚姻の苦しみから救出し、②離婚後、子どもも含めて自由に生活できるように支援すること、の二つを目的として整備されてきました（本書3－2）。弁護士を選任するための基準は、まさにこれら離婚法の存在目的をきちんと理解し、実践してくれる弁護士です。

選任基準1：破綻した婚姻の苦しみから救出してくれる弁護士

選任基準第1の具体的な内容は、有責主義にとらわれて、どちらが正しい、どちらが悪いといった確執にとらわれない弁護士ということになります。ここには相手方も破綻した婚姻の苦しみから自由にならなければならないという要請が当然含まれています。依頼者の立場からみると、相手方に対する憎しみや恨みの根源となっている怒りを和らげてくれる弁護士ということです。「自分のほうが正しい」という情念（思い込みの意固地さ）を強化するような答弁書を書いたり、怒りに基づく攻撃（主観的な思い込みや作りごとが混じっている）を増幅したりするような主張を書き連ねる弁護士は避けたほうがよいです。なぜなら離婚の目的は、あなたを怒りや憎しみや恨みに定着することではないからです。このようなしがらみから自由になれたとき、子どもも初めて自由になれるでしょう。依頼者を破綻した婚姻から自由に解放してくれる弁護士を選びましょう。

選任基準2：離婚弱者が生活できるように支援してくれる弁護士

離婚のせいで片方の元配偶者が、他方の配偶者より苦しい貧困生活を強いられることのないように、当事者同士であるいは国の福祉政策で、経済的な支援を実現することが、離婚法の第2の目的のひとつです。これはお金に関わることですが、子どもがいるときには、子どもの成長発達権の保障を可能にしてくれる大変重要な問題です。この経済面がうまく解決すれば、怒りや憎しみもだいぶ軽減することがあります。2章［2－2］（56ページ）をご覧ください。

選任基準3：子どもの権利を理解しその実現を保障できる弁護士

「離婚後子どもも含めて自由に生活できるように支援すること」という離婚法の第2の目的の最も重要なことは、離婚前と同じように共同で養育を行って、子どもに与える離婚の悪影響を最小限にするという点にあります。これは有責主義の残酷な悪影響から子どもを解放するという意味を持っています。たしかに離婚は有責主義から破綻主義に移行しましたが、子どもの成長発達権の保障は実両親の責任であり、破綻していませんし、破綻させてはなりません。なぜなら、子どもの権利条約は、両親が離婚しても、①実両親による「愛情と幸福と理解のある環境」がない限り、子どもはひとりの尊厳を持った人間として絶対に成長発達できないと断言・命令し（条約前文）、②それを現実化する規範として、子どもに共同養育を求める権利としての面会交流権（条約9条3項）を保障しているからです。この子どもの成長発達権は、人類の英知としての絶対命令であり、離婚した親が子どもの面会交流権（＝共同養育を受ける権利）を拒否することは許されません。

私が、離婚の悪影響から子どもを保護するための基準として、子どもの権利条約の成長発達権の保障しかないと強調したのもこのためです。したがって、子どもが強く拒否しているとき、別居親がＤＶであるとき、といったように面会交流をあらかじめ拒否・制約する事由を類型化している日本の法制は、子どもの権利条約はもちろん、人類の英知としての自然法にも反します。拒否しようと、ＤＶがあろうと、なんとか面会交流ができるように対策を講じ、処置することしか許されないのです。その努力は必ず実り、一層豊かな親子関係が形成されます。

あなたが怒りと憎しみのなかで相手方を抹殺してしまおうと思うことは許されましょう。でも子どもをその情念に巻き込んで、一緒になって子どものもうひとりの実の親を抹殺してしまうようなことは、私には、子どもを殺してしまうのと同じだと思えてなりません。子どもを生かし、元パートナーを許し、あなた自身が幸せに生きるために、それを心から支援してくれる弁護士と巡り会えるのを心から願います。

（福田雅章）

CASE

虚偽DVと子どもの連れ去り

夫婦やパートナーの間で起こるドメスティックバイオレンス（DV）の認知度が上がり、被害者救済のための法律（配偶者からの暴力の防止及び被害者の保護等に関する法律：DV防止法）が広まるなかで、離婚・別居をめぐる新たな問題も生まれています。被害者を装ってDV防止法を悪用し（虚偽DV）、配偶者に無断で子どもを連れて家を出る（子どもの連れ去り）ケースです。

DV防止法を使えば、シェルター避難や住民票をブロックして所在を知られないようにできます（支援措置）。本当に暴力があったのかどうかなどの警察捜査は行われません。基本的には、被害者は、自己申告で被害状況を説明した書類を提出するだけで、支援措置を受けることができます。

DVで避難しているとなれば、調停や裁判では、配偶者に慰謝料を請求しやすくなりますし、子どもの面会交流を拒む理由にもできます。本来は被害者を守り、被害者の今後の生活を保障するためのDV防止法ですが、「配偶者とは絶縁したい」「憎い配偶者をぎゃふんと言わせてやりたい」と思う人が、意図的に使えば、子どもと別居親を徹底的に引き離すこともできてしまいます。

「帰省する」と子どもを連れ去った妻

翔平さん（40代）の妻が「実家に帰省する」と、学齢期前の子どもふたりを連れ去ったのは10年ほど前の夏。実家に戻った妻は、シェルターを有するDV被害者支援団体に相談し、シェルター避難を経て転居、離婚調停を申し立てました。その秋には地裁で保護命令も出ています。

あとでわかったことですが、妻は実家の両親（子どもの祖父母）の指示で「連れ去り」を決め、あらかじめ「暴力の証拠を取る」ため夫婦の会話を録音していました。ただ実際には、DVの証拠になるような録音はなく、関わっていた児童相談所職員らも「夫婦げんかの域を超えた諍いはなかった」と証言しています。妻が入所したシェルター関係者は「入所時はあざだらけだった」と証言しましたが、実家で1カ月以上過ごしてからの入所だったため、「かえって疑わしい」話でした。同年冬には高裁が保護命令を却下しました。つまり、裁判所も妻の訴えは虚偽であると認めたわけです。

翌年早々には面会交流が行われるようになり、久しぶりに会った翔平さんと子どもたちは楽しい時間を過ごしました。体調を崩しがちな妻よりも、翔平さんが主に家事・育児を担ってきており、子どもも懐いていたのです。

ところが、面会交流を重ねるにつれ、子どもたちの様子が変わっていきました。最初のころは、「パパといつも遊びたい」と言っていた第一子が、「パパと会いたくありません」と訴えたり、翔平さんからのプレゼントを「ママに叱られるから」と持ち帰らないようになりました。「パパに会えなくて寂しかった」と言っていた第二子は、好物を見せても「食べるとママに怒られる」と、拒絶しました。面会交流の際に、妻の父親（子どもの祖父）に電話した子どもたちは、翔平さんを口汚く罵ったりもしました。立会人である第三者がいると、子どもたちが翔平さんと目を合わせなくなり、緊張した態度をとり続けるようになったのも、そのころからです。

一方で、翔平さんしかいないときには、子どもたちは「もっと遊びたい」「あと１００回（抱っこして）」などと言い、「面会を終わるように言わないとママに叱られる」と泣いたりしました。

妻とその父母による面会交流の妨害

その過程では、①翔平さんが提案した子どもが喜びそうな場所・方法での面会交流をことごとく妻が認めない、②妻の代理人弁護士が「子どもが嫌がっていて、子どものためによくないから（面会交流を）差し控えたい」と連絡してくる、③招待状を得て翔平さんが参加した保育園の運動会に警察を呼ばれる、④「子どもたちは発達障害だから、本人たちのペースでの面会交流を行うべき」、という妻側による医師の診断書の提出など、明らかな妻とその父母（子どもの祖父母）による面会交流の妨害行為がいくつもありました。

裁判所は、面会交流しなかった場合には損害賠償を認めましたが（間接強制）、妻側は「父親には面会交流を請求する権利がない」と主張しました。最終的には、最高裁が妻側の主張を退けましたが、子どもの拒否意思を盾に面会交流はできないままでした。

背後には同居親の両親が

妻の両親、とくに父親（子どもの祖父）は、そもそも翔平さんと娘（子どもの母親）の結婚に反対でした。子どもの祖父は、自分の娘が大学を卒業したら、地元に戻って教師として働くことを望んでいました。ところが、その意に反し、卒業前に翔平さんと出会った娘は妊娠し、専業主婦となりました。娘の離反を受け入れがたかった子どもの祖父の心中には、「いつか娘と孫を自分の手元に取り戻したい。自分から娘らを奪った翔平さんに仕返ししたい」という思いがあったのかもしれません。

子どもを連れ去って地元に戻った翔平さんの妻は、子どもの世話を両親（子どもの祖父母）に任せて祖父が望む教育職につき、経済的自立を遂げたそうです。

最も苦しんでいるのは子ども

虚偽ＤＶによって、子どもを連れ去られた別居親たちによる「女性が行政のＤＶ相談に行くと、すぐにＤＶ証明などが出され、本人が希望すれば簡単にシェルター避難になり、地裁に訴えれば保護命令が出る」との主張をよく耳にします。

たしかに翔平さんのような例は他にもあります。裁判所が「ＤＶも虐待もなかった」と認めているのに、面会交流ができないものも多く、支援措置も出ているため、子どもの居場所さえわからないままというケースもあります。

しかし、これは行政機関等でＤＶ相談員を務めてきた経験のある私から見ると、とても不思議です。重篤なＤＶを受けていても、「本人の意思が固まっていない」などと言って避難させてくれなかったり、「命の危険があるとまでは言えない」と、保護命令が出なかったりすることも少なくありません。支援措置を受けるにも、「本当に危険性があるのか」と行政の窓口で執拗に尋ねられたり、条件に該当しないと突っぱねられたりします。

なぜこんなにも行政の対応が違うのか。その理由は謎ですが、そのくらい今のＤＶ防止法とその運用にはさまざまな問題があるということなのではないでしょうか。

ＤＶの渦中で苦しんでいるにせよ、虚偽ＤＶで連れ回されるにせよ、一番の被害者は子どもです。翔平さんのケースでは、子どもたちが「大好きな父親を拒否しなければならない」状況のなかで苦しみ、会わない選択を強いられていく様子がありありと見て取れます。しかもそうやって子どもを苦しめているのは、子どもを最も愛し、守るべき立場にいるはずの、親なのです。

離婚や調停は勝ち負けではありません。面会交流は復讐の道具でもありません。明確なのは、そうした運用は子どもを傷つけ、子どもから愛する半身（別居親）を剝ぎ取る非道な行為であるということです。

（木附千晶）

4章

離婚後の子どもの成長発達権、共同養育・面会交流権の保障

4−1

子どもは離婚後も両親の愛を必要としている

離婚に際して子どものことを考える視点とは？

子どもにとって、親が離婚するということは大変な負担であり、取り返しのつかないほど大きな打撃を与える場合もあるでしょう。しかし、親が離婚という人生における決定的に重大な問題に、より大きな幸せをつかむために、子どものことも考え、自分らしく積極的に立ち向かっていく限り、子どもは、そこからより多くのものを学び、離婚を成長の糧《かて》にできるでしょう。

それにはどうしたらよいのでしょうか。近年では、子どもの権利を保障することによって、より客観的な対応を実現しようとする考え方が有力に主張されています。子どもの最善の利益、子どもの意見表明権、成長発達権、面会交流権、共同養育権、あるいは子どもアドボケイト（意見表明支援員）を導入すべきだといった主張が見られます。しかし、これらは、以下に述べるように子どもの権利の本質を踏まえたものではありませんので、離婚に際して子どものことを考える視点とはなりえません。

第1に、現実には、子どものために主張されているように見えても、その大多数は、実は、親の立場や利益の擁護でしかありません。現に普段は実に立派なことを主張している弁護士であっても、いったん親権や面会交流事案の代理人になると、なんと多くの弁護士が、子どもの権利や最善の利益を棚に上げて（あるいはそれらを方便として用いて）、親であるクライアントの一方的な主張や利益を真正面から擁護していることでしょうか！

第2に、「子どもの権利の視点」から議論されるようになってきたことは望ましいことですが、「理性のない子ども」がどうして権利行使の主体になれるのでしょうか。また、そこで主張されている「権利」とは具体的に何を意味しているのか、それがまったく明らかにされていません。たとえば「成長発達権」と言っても、たしかに子どもは成長発達する地位にありますが、未熟な子どもは、その具体的・実体的な内容を自ら実現できるわけではありません。結局、未熟な子どもに代わって子どもの〝成長発達権〟を保障してあげる地位にある国や親やおとなが、自分の利益や都合を「これがあなたのため」と屁理屈をつけて押しつけ、挙げ句の果てに子どもを支配管理しているにすぎません（これを〝利益説的権利〟と言います）。〝成長発達権だ〟〝学ぶ権利だ、学習権だ〟〝最善の利益だ〟と偉そうに子どもの権利を一見理論化しているように見えても、それらはしょせん、おとなの支配の道具としての〝利益説的権利〟でしかないのです。なかには、子どもも完全な（full-fledged）「権利行使主体」だとうそぶく理論もあります。理性的な存在でない子どもがどうして権利行使の主体になれるのでしょうか。要するに、子どもの権利行使の主体性は、いまだに通説では理論化されておらず、子どもはパターナリズム論や利益説的権利の客体でしかありません。共同養育（共同親権）および面会交流も、子どもの視点ではなく、おとなの視点から議論されていることがほとんどです。

離婚に際して子どもの利益を考える視点は、まず「子どもの権利」の本質が明確にされなければなりません。受容的な人間関係を形成する権利としての意見表明権から、子どもの「育ち」を見事に子どもの権利（自ら実現する権利としての成長発達権）とした「子どもの権利条約」こそ、すべての出発点とされるべきです。なぜなら、それらは人類史の英知の所産であるとともに、ぶれることのない明確な子どもの視点を提供してくれるからです。離婚に直面した親は、子どもの権利条約を実践することによって、離婚の害悪から子どもを守る責務を負っていると言えます。

（福田雅章）

4－2

人類の英知としての「子どもの権利条約」

「子どもの権利条約」は、１９８９年に国連で採択され、１９９４年には日本も批准しました。現在アメリカを除く全世界が批准しています。子どもの権利および子どもの成長発達権の国際準則であり、人類の英知です。これを共通の前提としてわが国においても議論が進められなければなりません。また、そうすることによって争いになっている大半の問題点は解決します。

子どもの権利主体性の承認

身体的・精神的能力がいまだ発達しておらず、社会的・経済的にも未熟で、日本国憲法上も基本的人権の行使主体として認められていない子が、どうやって権利行使の主体になれるのでしょうか。本書は、親の離婚の弊害から子どもを防御するための客観的な基準は、子どもの権利、とくにその成長発達権の保障にこそあると考えていますので、少し寄り道になるかもしれませんが、子どもの権利の本質論にまで遡《さかのぼ》って離婚と法の問題を考えてみることにしましょう。

周知のごとく、おとなの主体性は、理性的存在を前提とする〝個人の尊厳〟としての自己決定に基づく人格的な自律性から導かれます。しかし、子どもはいまだ理性的存在ではないから、主体性の根拠を、理性や個人の尊厳や人格的自律性に基づく自己決定権に求めることはできません。子どもが持っている唯一の力は、命をまっとうし、孤独の不安や恐怖から逃れるために、両親や身近なおとなに対して「ねぇ、ねぇ！」「顔をこっちに向けてよ！」と呼びかける、本能的な欲求としての愛着行動です。

「子どもの権利条約」は、この子どもの本能的な欲求としての愛着行動の表出を意見表明権とし（意見＝views。国連「子どもの権利委員会」一般的注釈第7号14、15等参照）、それに対して身近なおとなが「なぁに？」「そうなんだ！」と「受容的に応答する義務」を課しました（条約12条）。通説（および国連「子どもの権利委員会」）は、この12条の意見表明権を社会に参加する権利だと説明していますが、この権利はそのような市民的な権利ではなく、その本質は、条約が前文で子どもの成長発達のために不可欠だとしている「幸福、愛情および理解のある環境」を、子どもが自ら実現するための身近なおとなとの間の「受容的な応答関係」を築く権利を規定したものです。自らの成長発達に主体として参加するための生存権の一種と言えるでしょう。このように子どもの主体性は、身近なおとなに自由に愛着行動を表明し、受容的に応答してもらう人間関係のなかで、実現されるのです。

おとなの権利主体性と子どもの権利主体性の違い

近代の基本的人権の根幹原理は、人間の固有の尊厳（「およそ人である限り、ひとりの独立した人間主体として扱われ、その主体性に基づいて自分らしい生存を実現していく」という価値）を承認するという点にあります。啓蒙期の時代に発展した近現代の基本的人権の概念は、個としての人間の解放を高らかにうたい上げた当時の〃理性的人間像〃を大前提として定義されました。この〃理性的人間像〃は、理性と合理性を有する独立主体としての個人が、自ら自己決定し、自らの責任において人生を歩むことによって、人はいちばん幸せになり、社会も進歩するという思想を背景にしてつくられたものです。日本国憲法13条も、理性に基づく人格の自律性と自己決定と自己責任を至上の価値とする〃個人の尊厳〃条項を規定したものです。したがって理性的に自己決定する能力を備えていない者は一人前の人間ではないとみなされ、人権行使の主体性も制約ないしは否定されることになります。本能的な欲求さえも理性的にコントロールできるし、すべきだと考えられています。死と孤独の不安を解消するために発せられる乳幼児の根源的な欲求も甘えであり、一日も早く克服されるべき未熟な幼児性の表れだとみなされました。このように、近現代の基本的人権（日本国憲法）の下では、いまだ理性を備えていない子ども（年齢を何歳で区切るかについては議論がある）は、権利行使の主体にはなれないのです。

　子どもの権利条約が制定されて以降、あたかも流行のように、子どもにも権利行使の主体性があると強調されるようになりましたが、それを基礎づけている「人間観＝〃理性的人間像〃」はそのままです。何の議論もされていません。

　そもそも人間は生まれて死ぬまでの間に理性的存在と、そうでない状態（以下、本能的存在と言う）をいったいどのくらい繰り返しているのでしょうか。成長の時期に応じて、あるいは毎日の日課においても、人間は常に「理性的存在」と「本能的存在」の間を何度も行ったり来たりしています。

人類発生史的に見ても、理性を持った動物としての人間なんて、ごく最近に到達した氷山の一角でしかありません。ほかの動物との区別を考慮して人間を定義するなら、人間とは〝理性的存在になり得る動物的（関係的）存在である〟ということになりましょう。人間は、常に死と孤独の恐怖におののいています。あの東日本大震災のとき、富も名誉もいらない、勉強ができるかできないか、お利口さんであるかないか、そんなことどうでもよい。とにかく「生きていてよ！」「ひとりぼっちにしないで！」という叫びと祈りに、なんて深く心を痛めたことでしょうか。

削ぎ落としても削ぎ落としても、削ぐことができずに、最後まで残る人間の特性（欲求）、それは「死と孤独からの解放」です。理性がなくても、死と孤独の恐怖から免《まぬが》れるために本能的に他者との受容的な関係性を求め、その関係性のなかで自分らしく、共感的に生（活）きることも、「人間の固有の尊厳」と言えます。なぜなら人とは「理性的存在になり得る動物」なのですから。

子どもの権利は、理性と自律を前提とする市民法とは異なる「他者と共感的に生（活）きる」関係論的権利として成立します。子どもの権利の中核は、親や先生といった成長発達の過程で出会う身近なおとなとの間に、子どもの意見表明権（「ねぇ、ねぇ！」と本能的に呼びかける力）を媒介にして受容的・応答的な関係をつくるところにあります。他者による支配からの解放（分離）を求める自由権を中心とする近代の市民法的権利とは、権利行使のベクトルが真逆です。一方は共生的に生きるために他者と受容的に結合し、成長発達に不可欠な心的エネルギー（自己肯定感と共感能力と基本的信頼）を獲得する権利であるのに対して、他方は支配を免れるために理性を用いて他者から分離する権利です。

理性というのは観念の所産にすぎませんから、容易に富や権力を備えた者が自分流に人生を歩むのがいちばんの幸せであり、社会の進歩にも資すると考えられるようになり、それが社会の価値として定着し、「富と地位（＝権力）があれば幸せなはずだ」という現代の神話ができあがってしまったのです。死と孤独の恐怖から免れるために本能的に他者との受容的・共感的な関係を形成して生きることも、動物特性を備えた人間の「固有の尊厳」と言えます。理性による支配からの自由を「個人の尊厳」と呼ぶなら、理性の有無にかかわらず、受容的・応答的な人間関係をつくって共感的に生きる幸せを「人間の尊厳」と呼び、これらの両方が基本的人権として位置づけられるべきです。そうすることによって初めて、暴力の支配から免れた共感的に生きる場を与えられ、老若男女や力のある者もない者も幸せに生きられる社会になります。

離婚に際して保障されなければならない子どもの権利

すでに何回も述べたように、離婚は夫婦にとっては、これまでの人間関係を清算して新しい自分の人生を開始するスタートラインですが、子どもにとっては大変な災難であり、一方的な被害でしかありません。多くの子どもは、通常、「僕お利口にするから、けんかするのをやめて！　離婚しないで！」と願い、「お父さんとお母さんが離婚したら私はどうなるの？」といった不安でいっぱいです。けんかや離婚が子どもである自分のせいでないことを確認しようとしたり（お利口さんになって親子の逆転現象を演じる）、孤独と不安のために一方の親に「定着」したりします。そのうえ被害意識の強い親は知らず知らずのうちに子どもを自分の味方につけたりもします。子どもには離婚する前からさまざまな悪影響が降りかかっています。統計的にも両親の離婚が原因で、社会的適応障害を起こしたり、非行に走ったりする子の数の増加が報告されています。

ここでは、親の離婚によって子どもが被害に遭わないための、具体的な心理学的、教育的な対応ではなく、何のために子どもにそのような対応をとらなければならないか（離婚に際しておよび離婚後の親子関係のあり方）について、「子どもの権利条約」の規定している原則がどのようなものであり、またそれとの関係で国連「子どもの権利委員会」がわが国に勧告した具体的な内容を検討したいと思います。なぜなら、これも何度も記述しましたが「子どもの権利条約」は、子育て（子育ち）に関する全世界に共通する国際規範を定めているのみならず、人類の知恵を凝縮し、しかも人権史上初めて子ども自身が実践できる子どもの権利としての成長発達権を規定しているからです。

離婚が子どもに害悪を与えないために、離婚する両当事者がどうしても遵守しなければならない揺るぎない大原則とは、「子どもの権利条約」が子どもの権利の最も中核的な規範として定めている「子どもの成長発達権」の保障です。条約は、それが保障されない限り、「人格の調和のとれたおとなへと成長発達できなくなる」と断定しています。結論から述べると、離婚に際して親が最も子どものことで気をつけなければならないことは、子どもの成長発達を害してはならないというきわめて単純なことです。でも、「調和のある人格を備えた人間」がどんな人で、「どのようにしたらそんな人間が育つのか」「離婚中にそんなことできるのか」など、具体的に考えるとなかなか大変です。

婚姻中の成長発達権と離婚後の成長発達権

離婚に際しても遵守しなければならない客観的な基準としての権利は、子どもの権利条約の規定する成長発達権の保障だと述べてきましたが、実は子どもの権利条約は、親が婚姻しているかいないかによって、子どもの成長発達権の保障に何ら差をつけていないのです。大原則はただ一つ、実親による「愛情と幸福と理解のある環境」がない限り、子どもは育たない（調和のとれた人格を備えた人間になれない）というものです。離婚しているしていないにかかわらず、子どもが自己肯定感と基本的信頼と共感能力を醸成できるような受容的・応答的な人間関係が保障されなければなりません。婚姻中は両親と子どもは同居しており、両者の間に受容的・応答的な人間関係を築くことは比較的容易ですが、離婚して居を共にしていないときには、子どもと別居親との間に「愛情と幸福と理解のある環境」を築くことが物理的にも困難になります。婚姻中には当然のこととしてできていた共同養育も困難になります。子どもの権利条約は、このような場合でも、婚姻していたときと同様に、子どもと別居親が質の高い受容的・応答的な人間関係を築き、別居親も同居親と共に養育に加われるよう（共同養育を行えるよう）、面会交流権を保障しています（条約9条3項）。言い換えると、面会交流権は離婚という分離によって困難になった成長発達権と共同養育を受ける権利を実践するための「子どもの権利」なのです。

（福田雅章）

4−3

子どもの成長発達権

子どもの権利条約は、親が婚姻しているかそうでないかをまったく区別することなく、子どもが人格の調和のとれた人間へと成長発達するためには、実両親による「愛情と幸福と理解のある環境（＝愛されること）」が保障されなければならない、と断言しています。しかし、これは条約の前文で述べられているところであり、この成長発達権が条約の「具体的な規範」として規定されているわけではありません。その意味内容は多岐にわたり、規範内容として特定することはきわめて難しいことですが、「子どもは実の親に愛されない限り成長発達できない」という「人類の子育ての英知」を倫理規定として明らかにしたものと言えるでしょう。

成長発達権は「利益説的権利」？

しかし子どもが自分で「愛情と幸福と理解のある環境」を保障することはできません。また「愛される」権利があると読み替えてみても、子どもが自ら実践できる権利ではありません。しょせん、「子どもは愛情と幸福と理解のある環境」を保障してもらう地位ないしは資格を有している、あるいは子どもは親に「愛される」地位ないし資格を有しているが、それらを自分で実現することはできないので、結局のところ両親が自らの意思で実現することになります。その結果、愛情、幸福、理解、しつけや指導といった美しい名目を用いて、親の意思によって支配管理されることになってしまいます。成長発達権が利益説的権利（あなたのため、と押しつけて子どもを支配管理すること）である限り、子どもが調和のとれた人格を備えた人間へと成長発達する契機は、どこにもありません。

子ども自身による成長発達権の実践

子どもの権利条約は、成長発達権を、すでに述べた単なる倫理規定や利益説的権利としてだけではなく、冒頭の6条で、生命権および生存権と併せて規定していますが、そこにも具体的な規範内容はまったく明らかにされていません。ところが、子どもの権利条約は、まるで魔法を使ったように、子ども自身が自らの力で自らの成長発達を実現する主体的な権利としての成長発達権を用意しています。その魔法が「意見表明権」です。成長発達権の本質は、「自己肯定感と基本的信頼感と共感能力が醸成されるまで、両親にとことん愛される（愛情と幸福と理解のある環境を保障してもらう）」という点にあり、その中核は利益説的権利そのものです。しかし、意見表明権の行使という魔法を用いて、それを子どもが自ら実現できる主体的な権利へと変換しているのです。そのプロセスを見てみましょう。

①　子どもの意見表明権の保障

子どもの権利条約は、生命権、尊厳、成長発達権、教育を受ける権利といったきら星のような実体的権利を規定しています。しかし、それらは、子どもはそのような利益や地位を享受する資格があるという〝利益説的権利〟にすぎません。その規範内容の作成や権利行使に子どもが自ら主体的に関わる〝意思説的権利〟ではありません。

一方で、子どもの権利条約は、生まれたてのゼロ歳児を含むすべての子どもが、無条件で行使することのできる唯一の権利として、12条で意見表明権を規定しています。その内容の骨子は以下のようなものです。

子どもの「ねぇ、ねぇ！」という呼びかけ（顔をこっちに向けてよ、という欲求表明＝意見表明権）に対して、（父母や先生といった成長の過程で出会う）身近なおとなは、「なぁに？」「そうなんだ！」と無条件で受容的に応答しなければならない義務（子どもの意思の尊重）を負っており、そこで表明された子どもの意見は、年齢と成熟によって、相応に考慮されなければならない（条約12条1項）、というものです。

② 子どもの意見表明権の意義と機能

この意見表明権の意義や機能については、さまざまな見解があります。

通説的な見解は、子ども未熟論を克服して権利行使の主体性を保障するために、条約13条の「表現の自由」などとともに市民的自由の系譜に属する権利であり、子どもの表明した意見の内容それ自体を尊重すること（限りなく自己決定権に近づく）や、子どもが社会に参加する権利を保障したというものです。しかし、これでは一定年齢以上の子どもを〝小さなおとな〟としてその権利行使の主体性を承認し得ても、それ以下の子どもは依然として〝未熟な〟客体でしかありません。孤独と絶望のなかで根無し草のように漂い、「自分は何の価値もない、情けない存在だ」と考えるに至っている現在の日本の多くの子どもたちにとって、このような権利行使主体性を保障しても、何の力にもなり得ないことは明らかです。

子どもは、いまだ理性的な存在でなく、「自己決定や自己責任」の主体へ向けて成長発達途上にある存在ですが、欲求を表明するという本能的な力を有しており、それを自ら行使することはできます。12条の意見表明権は、そのような力を子どもの基本権として社会的に承認し、子どもの成長発達過程で登場する身近なおとな（養育者）が、それに対して受容的に応答する義務を課しました。子どもが身近なおとなとの間に日常レベルで〝受容的な応答関係をつくる権利〟を保障したのです。子どもにとって必要なことは、成長の場で出会う身近なおとなに、〝欲求〟そのものをかなえてもらうのではなしに、無条件でその存在そのものを肯定的・受容的に受け止めてもらうことです。そのような安心と自信と自由を保障された人間関係（心理学でいう「安全基地」）のなかで、子どもは今を楽しく生き、生まれながらに備えている、現実と交流し、現実を変えていく力を発揮することができるのです。

③　条約前文の「愛情と幸福と理解のある環境」の意見表明権への読み込み

成長発達権の実践に不可欠な「愛情と幸福と理解のある環境」の保障とは、子どもが心理的に安心してそのままで受け入れられる環境の保障であり、これは子どもが本能的に「ねぇ、ねぇ！」と呼びかけて身近なおとなとの間につくる「受容的な応答関係」と同義です。言い換えると、「受容的かつ応答的な人間関係をつくる権利」としての意見表明権を行使することによって、子どもは「愛情と幸福と理解のある環境」を保障する親の義務を導き出し、主体的に成長発達権を行使できるようになるのです。

④　成長発達権の目的の実現

身近なおとなに無条件で受容し応答してもらう関係のなかで、子どもは「自分は生きていていいんだ」という自己肯定感、「他人は信頼していいんだ」という基本的信頼、さらには他人のことを考えることのできる「共感能力」を醸成することができ、調和のとれた人格を備えた人間へと発達することができます。このように子どもが自らの成長発達権を実現する権利は、子どもが自ら主体的に使えるただ一つの権利である意見表明権の実践によって実現されるのです。

子どもの成長発達権を保障するに当たって

離婚に際して親が子どもに害悪を与えたり、悪影響を及ぼしたりしないためには、究極的には、子どもの成長発達権を保障してあげることにつきます。子どもが「ねぇ、ねぇ！」「顔をこっちに向けてよ！」と意見表明しているときには、親はすべてを投げ捨てて、「なぁに？」「そうなんだ！」と向き合う義務を有しています。どんなに馬鹿げたことだと思っても、明白にうそだとわかっていても、あるいは親が本当に自分を愛してくれているかどうかを試すためのわがままや悪事でも、さらには非行といったような反社会的行為でも（国連「子どもの権利委員会」一般注釈7号15、16参照）、非難するのではなく、受容的に受け止め、子どもが自己肯定感と他者に対する基本的信頼感と共感能力を醸成できるまで、安心と自信と自由を培《つちか》って（愛着形成して）あげなければなりません。この親子関係の基本原則は、婚姻していても、離婚していてもまったく変わらないのです。

子どもの成長発達権の保障との関係で、民法は「親権を行う者は、子の監護及び教育をする権利を有し、義務を負う」（８２０条）と規定し、続いてその監護教育（身上監護権）の内容として、①居所指定権（８２１条）、②懲戒権（８２２条）、③職業許可権（８２３条）、および④財産管理権（８

24条）を列挙しています。そのほかにも、⑤第三者に対する妨害排除請求権や⑥身分上の行為の代理権が承認されています。

　これらは親の権利であり義務だと言われていますが、独立・平等の対等な法的関係および行為能力の存在を前提としている市民社会における取引上の権利や義務とはまったく違ったものです。かつての家父長の有する支配権の名残を有していますが、これらは成長発達途上にある未熟な子どもに対する配慮であり（ドイツは親権に変えて配慮権と呼んでいる）、能力のない弱者の権利を本人の利益のために制約するパターナリズムと解されています。

　しかし、おとなの子どもに対する配慮とか、子どもの利益のために子どもの行動を制約するというパターナリズムの考え方は、先に述べた〝利益説的権利〟と同一の考え方であり、結局、子どもの成長発達を親や社会や国というおとなが、おとなにとって都合の良い価値で、支配してしまう恐れがあります。子ども自身が、意見表明権を使って「ねぇ、ねぇ！」と呼びかけ、成長発達に不可欠な親との間の受容的な応答関係をつくり、自己肯定感、基本的信頼感、共感能力を醸成して、自らの成長発達を実現できる〝力（＝権利）〟を獲得した現在においては、民法の規定は子どもの権利と整合性が保たれるように見直されるべきだと言えるでしょう。

子どもの成長発達権を保障するためのマニュアル

　離婚という親にとって大変な時期でも、親には、子どもが自己肯定感と基本的信頼感と共感能力を体得できるような安心と自信、および何事にもチャレンジできる自由を子どものなかに培うことのできる関係性の構築が求められているのです。欲求という子どもの内に秘めている生命力(power)を伸ばし、開花させることこそ養育や教育の原点であり、欲求をつぶす「しつけ」や「指導」は管理支配であって、子どもの発達をダメにしてしまいます。離婚が子どもに悪影響を与えないようにするということは、子どもが内に秘めている生命力を奪わないということなのです。具体的にどのように子どもと関わったらよいのでしょうか。

子どもの成長発達権の保障に不可欠な共同養育と共同親権

〝共同養育権〟と〝共同親権〟は、子どもの成長発達権を保障するために不可欠な制度です。なぜなら、単独親権制度に替えて、実父母の両名が子どもの成長発達に関わることを保障する制度だからです。すでに述べてきたところからも明らかなように、子どもの権利条約の核心的な立法目的は、子どもの成長発達権の保障にあります。すなわち条約は、子どもが、ひとりの尊厳を持った人間として尊重され（人間の尊厳）、自分の有している意見表明権を用いて親との間に受容的な応答関係をつくり、それを通して自己肯定感と基本的信頼感と共感能力を培い、調和のとれた人格を備えた人間へと成長発達することを願っているのです。ここでの中核的なキーワードは、成長発達権、意見表明権、共同親権（共同養育権）、および面会交流権の四つです。

国連「子どもの権利委員会」は、日本社会に対して、子どもの成長発達に関わるこれら四つの権利を導入するよう、勧告しました。国連はこれまで子どもの成長発達権についてまったく言及してきませんでした。子どもの主体性を確立するための社会的参加のほうに関心がありました。ところが、２０１９年の「子どもの権利条約」に関する日本政府への第４・５回『総括所見』（勧告）では、初めて子どもの成長発達権の保障に言及したばかりか、それを実現するために不可欠な意見表明権、共同親権（共同養育権）および面会交流権についても、併せて勧告したのです。条約が制定されてから30年経ちますが、国連「子どもの権利委員会」はようやく条約の神髄にたどり着いたと言えましょう。日本の子どもたちは、暴力、貧困、ストリートチルドレン、戦乱といった発展途上国に顕著に見られる古典的なものとは質的に異なる新しい人権侵害に晒《さら》されていること——すなわち日本社会は、経済最優先の新自由主義経済体制のなかで、それを維持し、さらに発展させるために導入した競争原理と国家的・社会的規制を通して子どもを管理支配し、①個としての人間の主体性をつぶし（人間としての尊厳の喪失）、②孤独と絶望の坩堝《るつぼ》に投げ込み（楽しく自律的に生きることの否定）、③自分らしくかつ他人や社会のためにも生きられるような人格へと成長発達する機会を奪っていること（成長発達の機会の喪失）をみやぶったのです。最新のユニセフの幸福度調査によると、日本の子どもは、身体的健康については、先進38カ国中1位ですが、精神的幸福度は37位という惨《みじ》めなものです（ユニセフ報告書 https://www.unicef.or.jp/report/20200902.html）。今回の日本への勧告は、経済的・軍事的グローバリゼーションが世界的に激化するなか、「子どもの権利条約」が新自由主義および新国家主義を標榜している先進国の子どもの状況を改善する対抗軸として機能することを初めて明らかにしたものだと言えましょう。この点に関する勧告（子どもの権利条約に関する国連からの日本政府に対する第4・5回『総括所見』〔勧告〕の概要は以下のようなものです。

① 社会の競争的性質によって子ども期が害されないように成長発達権を保障せよ
② ひとりの尊厳を持った人間として、安心して意見（欲求）を表明しながら（エンパワーされながら）、自らの人生のあらゆるプロセスに参加することを促進せよ
③ 共同親権（共同養育権）を認める目的で、離婚後の親子関係を定めた法令を改正せよ
④ 非同居親との個人的関係および直接の接触を維持する子どもの権利が恒常的に行使できることを確保せよ

これらのうち、①および②の成長発達権および意見表明権についてはすでに述べたので、以下には、③の共同親権（共同養育権）および④の面会交流権について考察します。

親権、共同親権および共同養育権という言葉

親権とは、親の子に対する法的地位を意味し、子どもを肉体的、精神的にひとりの人間として成長発達できるように養育する親の権利であり、また義務です（民法８２０条）。現在ではこれらの権利、義務という言葉は用いられず、子どもの成長発達に対応する親の責任とか配慮、あるいは世話と考えられています。

「親権は、父母の婚姻中は、父母が共同して行う」（民法818条3項）のが原則であり、このことを共同親権共同行使の原則と言います。このように日本では、婚姻中は、子に対する養育（成長発達権を保障するための支援）は、夫婦共同で行うことになっています（民法818条）。ところが、いったん離婚すると、両当事者の協議や家庭裁判所の審判や裁判によって、いずれか一方だけが親権者になり（民法819条1項、5項参照）、親権者になれなかった他方の親は、法的・社会的に父親（母親）としての地位が認められなくなります。同居親の意思にもよりますが、養育費の支払い義務とかたちばかりの面会交流以外、（多くは）一切子どもの教育やしつけに関わることもできなくなります。このように別居親に「わが子をわが子」と言えなくし、子どもから「私はあなたの子だ」というレーゾンデートル（存在価値）と誇りを奪ってしまうものが単独親権制度です。

先に述べた国連からの『総括所見』（勧告）は、〝Shared Custody〟を導入せよと勧告しています。この〝Shared Custody〟という表現は、聞き慣れない言葉です。共同親権、共同養育、あるいはその両者を含むものとして使ってよいと言えるでしょう。共同「親権」は、親子の法的関係性に着目した資格を意味し、共同「養育」はその資格に基づいて関係性を維持形成していく具体的な行動（養育）のように思われますが、あえて区別する必要はないと言えます。大切なのは、実両親の双方に親の資格があり、その資格に基づいて双方が子の成長発達に関わり、援助ができるという実態です。したがって、本書では、あえて両者を区別することはしません。

なぜ単独親権が認められているのか？

現行法の下では、共同親権は婚姻中だけに認められている親の子に対する地位であり、いったん離婚すると、夫婦のいずれか一方だけが親権を有し、他方は同居親の善意による許可がない限り子どもの養育に一切関われなくなります。この離婚後の単独親権制度は、離婚する場合には婚家に子どもを残して家を出るという家制度存続のための古いしきたりの残滓《ざんし》ですが、現在単独親権を有しているのは約8割が女性であり、家制度とはほとんど関係なくなっています。実の親はふたりいるのです。それなのに、子どもを〝なした〟実の親の一方（多くの場合父親）から、「子の親としての地位を剥奪《はくだつ》」してしまうという残酷にして非倫理的な制度が、なぜ国の制度として現在も存続しているのでしょうか。

①女性が男性を苦しめるいちばん良い方法は、男性から子どもを奪ってしまうことだとギリシャ神話でも言われています。これは、離婚に際して女性の憎しみがそれほどに大きいものであるということ（高葛藤）、②子どもの養育の本質が自己の大切な所有物（宝）である子どもを自分の好きなようにいじり回すということではなくて、ふたりの愛を必要としている子どもの成長発達権に対する援助だという意識が欠如していること、および③誤ったフェミニズムの三つに大きな原因があると思われます。日本社会が依然として、単独親権を国の制度として維持している裏には、だれもがひとりの尊厳を持った人間として自律的に生きられていない日本独特の社会文化構造が大きな影響

を与えていると思えてなりません。家制度からは解放されたが、富と地位を継続的に維持管理するための集団への帰属意識や、人間関係のペット化現象からは自由になれていない、ということなのではないでしょうか。

単独親権制度は、片方の親の親権を剥奪《はくだつ》して、必ずいずれかの親を親権者と決定する必要があるので、離婚時に子の争奪をめぐって夫婦間で熾烈《しれつ》な争いが演じられる場合が多いのです。たとえば、①母親が、夏休みなどを利用して、子どもと一緒に実家に遊びに帰ったと思っていたら、そのまま自宅には帰らないなど、女性による離婚の常套手段としての事前の子どもの連れ去り（この場合には、事前に母親の父母〔子どもの祖父母〕と綿密に連絡を取り合い、母親の父母が重要な役目を果たしていることも多い）、②連れ去った後、直ちに弁護士の支援を受けて子どもと共にシェルターに身を隠し、夫との連絡を一切遮断したり、③虚偽のＤＶを申し立てて接見禁止命令を獲得するなど、子の福祉に反する手段が何の躊躇《ちゅうちょ》もなく行われます。夫婦間の感情的葛藤は一層高まり、修復のしようもないほど亀裂が大きくなって、子どもと別居親が会えなくなってしまうということも多々あります。

単独親権だと、親権を持たない親は、親としての資格を有していないため、面会交流も徐々に先細りになり、いずれ子どもが同居親に忖度《そんたく》して別居親を捨てるという残酷な決定を強いられることも多くあります。子どもが別居親（多くの場合父親）を捨てる決意をするのです。子どもは別居した親との人間的なつながりや接触を自ら絶つことになり、成長発達を害するばかりか、その過程において受けるべき多くのものを何も受け取れなくなってしまいます。それにもかかわらず、東京地方裁判所は、２０１９年7月17日、「親子の交流を通じて子どもが成長したり親の人格が発展したりすることについて、『親権を持たないとしても親と子であることに変わりはなく、そうした人格的利益は失われない』と指摘。そのうえで、単独親権制度は父母関係が良好でない場合も踏まえた合理的なものとし、憲法に反すると言えない」としました。

しかし、両方とも生みの親であるのに、片方の親だけに子どもの養育についての決定権を与えて、とにかく葛藤を収めるということは、けっして合理的な解決とは言えず、親子の自然的な摂理を強引に破壊する以外の何ものでもありません。子どもの権利条約にも反し、子育ちの人類の英知にも悖《もと》ります。その狭間《はざま》で子どもは成長発達できなくなってしまうのです。幸いにも現在、国連からの勧告、離婚後の共同親権制度の導入が国際的な動向となっていること、国内においても共同親権を求める訴訟が増加していること、また国会議員の動きも活発になっていること等を受けて、民法改正が法制審議会に諮問されています。

共同養育（共同親権）の本質とその実施内容

離婚後の共同養育のあり方は、離婚時の協議や審判、あるいは和解で、基本的には面会交流の実施内容として、詳しく取り決められます。したがって、共同養育といっても、離別した夫婦が顔を合わせたり、同居したり、現実に両者が手を取り合って、一緒に養育に当たるということはありません。もちろんそのような実施計画をあらかじめつくることは可能ですし、子どもの成長発達に応じて両者の現実的な共同養育内容が密になっていく可能性もよくあることです。しかし、顔を見るだけでも虫唾《むしず》が走るほどに夫婦仲がこじれているときに、そんなに無理をする必要は一切ありません。人を介したり、面会交流支援団体の力を借りて連絡や送り迎えをしたり、デジタルを使って面会交流をすることもできます。手紙や写真等のやり取りやプレゼントの交換といった間接交流も可能です。大切なことは、当初は細い糸による交流でも、徐々に太い糸へと発展させていくことであり、それを途絶えさせてしまうようなことは絶対にしてはならないということです。

　このように共同養育といっても婚姻中のものとは内容がだいぶ異なります。共同養育になったからといって、子どもが両親と一緒に住めるようになるわけではありません。共同といっても、両親が具体的な養育行為を一緒に行うという意味でもありません。子どもの成長発達権の保障のために、時や場所は違っても、父親としてあるいは母親として、独立して子どもと向き合うという意味です。その主たるものは、「愛情と幸福と理解のある環境」、すなわち「ねぇ、ねぇ！」という呼びかけに対して受容的・応答的な人間関係をつくり、子どもの精神的発達を実現してあげることです。相手方に対する憎しみの強さではなくて、子どもをいかに深く愛しているかの問題です。

　共同養育の原点は、自分の子どもを〝なして〟くれたパートナーに対する限りない愛《いと》おしさと感謝、および生まれてきてくれた子どもに対する愛おしさと感謝のなかにあります。言い換えるとその本質は、パートナーと子どもの「尊厳」をとことん尊重することなのです。「尊厳」とは、すでに述べたように、「ねぇ、ねぇ！」「顔をこっちに向けてよ！」という愛着欲求に対して、「なぁに？」と受容的に応答するという関係性があって初めて生まれるものです。「ねぇ、ねぇ！」と呼びかけている欲求を無視して顔を向けないことは、相手をひとりの独立した人間として扱っていないこと、ネグレクト（無視）していることであり、相手の尊厳を否定していることになるのです。したがって妻と子どもの両者に対して受容的な関係をつくることが父親の共同養育参加の意味であり、子育てなのです。「妻はどうでもいいけど、子どもだけはかわいい」と言う男性もよく見かけますが、これではとても父親が共同養育や育児に参加しているとは言えません。同じことは妻に対しても言えます。

子どもの生物学的親だからといって、自然に母親・父親になれるわけではありません。ほかの人はいざ知らず、「子どもの尊厳を自分は絶対に守り抜く」という固い意思があって初めてその子の親になれるのです。おそらく通常ならわが子に対する本能的な情が存在しており、あえて固い意思などいらないと思われるかもしれませんが、夫婦関係や家族関係のなかで、また自分の育ちの体験（特に愛着形成をもらえないで育った場合）等によっては、このような情はいかようにも変質し、所有欲や支配欲や定着欲に変わって、子どもとの間に受容的な応答関係を築けず、子どもの成長発達を阻害してしまいます。そのときは教育分析やカウンセリングを通して自分を客観化し、子どもの尊厳を守り抜くという意思を持てるように努力することが必要です。

共同で子育てをすることのメリットはほかにもあろうとは思いますが、メインは次のようなものです。

① 子どもを人格の調和のとれた自律的・道徳的な人間へと成長発達できるのは、子どもの成長発達権の保障によってのみ可能であり、「幸福と愛情と理解のある環境＝子どもとの受容的な応答

関係」の形成が不可欠。

② 子どもの生物的なルーツのアイデンティティの保障。自分は浮き草のように宇宙をさまよっている存在ではなく、実父母がいるから人間という宇宙に連続する存在としてこの世に根づくことができたという自然の摂理との一体感。

③ 捨てられたり、お邪魔虫として扱われることなく、両親に愛されて生まれてきたという安心感。

④「自分のせいで離婚したのではない」という子どもの罪悪感の回避。

⑤ 離婚後の親権争奪戦を回避することができ、高葛藤を和らげることができる。

⑥ 両方とも親権と養育権を持っているので、同居親が面会交流を拒否することができない。とくに同居親の親が喜んで面会交流をさせるということは、同居親の共同養育権に内包されている「片面的義務」。

⑦ 養育費の支払いがスムーズになり、またシングルマザーとなった女性が元夫の協力も得られず、子どもを抱えて疲弊するといった状況が改善される。

育児の日常レベルは、賽《さい》の河原で石を積む（＝報われない努力を続ける）ように面倒くさいことだらけです。それでもなお育児をこなせるのは、理想論的には「ねぇ、ねぇ！」「なぁに？」の関係から生まれる夫婦の相互に補充し合う愛のエネルギーと、生まれた子どもに対するかわいさと畏敬《いけい》の念があるからです。もしこれがないと「私ばっかり犠牲になり、損している」という損失感に襲われ、子どもへの定着やネグレクトや虐待などを招きます。

離婚すると多くの場合、夫婦が相互に補充し合う愛のエネルギーなどないのが普通でしょう。共同養育を行うのは、子どもの成長発達権に対応する受容義務であり、相手方に過剰な要求をしなくても、親として果たさなければならない、子どもに対する、また社会に対する責務です。そのことさえきちんと意識しておけば、激しいけんかはあるとしても、ふたりの英知で解決できます。

ところで母親と父親で子育ての役割はどのように違うのでしょうか。子どものその時々の「ねぇ、ねぇ！」という呼びかけに誠実に応答するという点では、両者にまったく相違はありません。愛着と安心感を与えるのが母親の役割、社会のルールや厳しさを教えるのが父親の役割などと言われますが、これは古い考え方です。夫婦はまったく違った体験を持ったひとりの独立した人格です。子どもの「ねぇ、ねぇ！」という呼びかけに対して、その対応は当然異なったものになります。それぞれが自分らしく自然に対応しさえすれば、それが結果として子どもにとって役割分担になるだけのことです。何も難しく考える必要はありません。子どもの呼びかけに対して常に自分らしく、正直に、自然に振る舞えばよいだけのことです。

人はいくつになっても、どんなに偉くなっても、またどんなに仕事で成功しても、自分をそのままで抱えてくれる人が身近にいない限り、言い換えると安心と自信と自由を相互に分かち合える存在がいない限り、幸福にはなれません。子育てを通して、子どもとの間に、そのような人間関係を紡ぐことは、結局、自分が幸せに生きる奥義《おうぎ》でもあるのです。父親の子育てへの参加は、ただ単に妻の家事負担を軽減させたり、母子共生を阻止したり、子どもの自立に役立つというだけでなく、何よりも父親自身が人間として幸せに生きていくために欠くことのできない人生の一部なのです。

戦後の日本社会は、敗戦の荒廃から立ち直るために「経済最優先」の旗印を掲げ、戦前から引き続いて男性は企業戦士として徴兵され、銃後を守るのは女性の責務とされました。「父親は外で働き、母親が家事・育児を担う」という文化は、バブル経済がはじけるまでは常識でしたが、それが崩壊した今も依然として根強く残っています。そのいちばんの原因は、経済最優先の社会文化構造を維持するために、弱者を含めて共感し合いながら一人ひとりが生きていくという「人間の尊厳」を置き忘れてしまったからです。

　近年の男女共同参画や育児休業制度、保育所改革も、基本的には国の経済至上主義を達成するための安い女性労働の活用に主眼があるのであって、婚姻生活における「個人（人間）の尊厳と両性の平等」を実現するという本質に基づくものではありません。今の日本社会では、だれかと受容的・応答的な人間関係をつくって共感的に生きていくこと（＝人間の尊厳）こそが至高の価値とは認められていません。経済発展や社会秩序の維持こそいちばん大切だと思われています。しかし、これらは一人ひとりが幸せに生きていくための単なる手段でしかありません。経済政策も、予算や財政も、社会秩序も、すべての国家政策が、人間の幸せの原点である〝人間の尊厳〟という価値を最も効率よく達成できるように、抜本的に見直されなければならない時代が到来しているのです。子育てという人生の本能的な楽しみを奪い、破壊する日本の文化構造に対して、仲間をつくって毅然と立ち向かう勇気を分かち合いましょう！

（福田雅章）

4－4 面会交流は成長発達権と共同養育権を保障する権利

婚姻関係が破綻《はたん》し、離別した別居親から物理的に従前と同じように共同養育を保障してもらえなくなった子どもが、その保障を求める権利が面会交流権なのです。面会交流権とは、子どもが自らの成長発達権を実現するための権利であり、別居親から共同養育を受ける権利を保障したものです。同居親や第三者が面会交流や共同養育を妨害するときには、自己の成長発達権を実現するために妨害を排除する権利でもあります。

子どもが成長発達権を実践する権利

子どもの権利条約９条３項は、面会交流権について、父母の一方または双方から分離されている子どもに対して定期的に父母のいずれとも「人的な関係及び直接の接触を維持する権利」を保障しています。これは、親と子どもが単に会うことを要請しているだけではなく、成長発達に不可欠な自己肯定感や共感能力等が醸成されるように、受容的・応答的な密な関係の保障を求めている規定と言えます。わが国の民法７６６条１項は、やはり面会交流についての規定を用意していますが、その質については「子の利益を最も優先して考慮」せよとしているだけです。民法７６６条のわが国の面会交流の規定に、条約9条3項の内容を読み込んで解釈することは可能です。そうであれば、766条は、別居親が子どもとの間に受容的・応答的な関係をつくって、その成長発達権を保障するための規定であり、協議ではそれにふさわしい内容が作定されなければなりません。協議等ができない場合は、家庭裁判所がその内容を定めることになります（民法766条2項）。

日本においても面会交流に関する事例がたくさん蓄積されてきましたが、それらの実態を顧みるに、せいぜい月に1回、1回数時間、同居親の親権による優先的支配を色濃く残した面会交流となっています。これでは、単なる形式的な面会でしかなく、子どもと別居親が受容的・応答的に交流して、子どもが成長発達に不可欠な自己肯定感や共感能力、あるいは基本的信頼を醸成することなどとてもできません。宿泊をともなう面会交流もほとんど認められていません。もっぱら同居親の事情を忖度した面会条件のつけられた面会交流も多く見られます。写真、ビデオ、学校の通知票、手紙の送付といった間接的面会交流も行われますが、それらはあくまでも直接的面会交流を補充するものでしかありません。

面会交流の制限事由

面会交流は、明らかに子どもの福祉を害しない限り認められますが、子どもの福祉を害する事情があるときには制限されることになっています。次のようなものが制限・禁止の事由として挙げられます。①父母の対立や葛藤が激しい場合、②別居親に問題がある場合（同居親への暴力や面会交流ルールの違反等)、③別居親による同居親または子どもに対するDVがあった場合、④子ども自身が頑《かたく》なに面会を拒否している場合、⑤子どもを連れ去る恐れが高い場合等(たとえば、横浜面会交流研究会・判例タイムズ1292号5頁)。

たしかに、子どもの福祉を害する事情があるときに面会交流が制限または禁止されるのは、やむを得ないと言えます。しかし、ここにはいくつかの問題があります。まず第1に、子どもの福祉を害する事情が本当に存在し、それが証拠によって認定されているか明らかでない場合が多々あるということです。第2に、同居親側によって、面会交流を実施できないという主張と事実がつくり出され、裁判官が十分に検証せずにその主張を鵜呑みにしてしまう場合が多くあるということです。この場合には、審判または判決文に、了解不可能な齟齬《そご》や論理矛盾が露呈されていますが、現実的には上級審に持ち込んで争うことが不可能な場合が多いです。第3に、子どもの福祉を害しないことが「明らか」である場合にのみ面会交流は実施され、福祉を害する危険性ないしは恐れがある場合には、制限・禁止されてしまうことがあるという点です。⑤の面会中に子どもが連れ去られる恐れがある場合などがその典型です。面会現場に同居親が出席したり、面会交流支援団体に依頼したり、さまざまな工夫が可能です。

以下に、面会交流の実施を阻害している要因が司法制度のなかに内在していることを、私の実務経験に基づいて述べます。

●同居親

「子の利益を最も優先して考慮する」「子どもの最善の利益を保障する」と口では言うものの、何が子どもの最も優先的な利益になるのか、何が子どもの最善の利益であるのかは、だれにもわかりません。そのすきまを縫って、当事者は、自分の都合のいいようにあることないことを並べ立てて、相手方を攻撃します。その結果、多くの場合、別居親には、虚偽のＤＶがねつ造されたり、精神的・人格的破綻者のレッテルが貼られたりして、面会交流もかなわず、分離に追い込まれます。これらの虚偽に満ちた主張は、同居親とその実父母（子どもの祖父母）との密接な共同行為や、何の証拠がなくても別居親がＤＶ加害者だという相手側の主張だけでシェルターを利用することができたり、保護命令が出されたりするという慣行や、子どもの権利を理解していない弁護士等によって増幅されています。同居親が面会交流を拒否したり、妨害している限り、面会交流は絶対に実現できません。同居親はこのことをしっかり認識すべきです。同居親が積極的に面会交流に応じることは、面会交流権保障のための親権者としての最も基本的かつ「片面的義務」と言えます。

また、子どもは父母の葛藤のために片親疎外になったり、同居親の心情を忖度して別居親と面会するのを躊躇するようになっている場合も多いのです。そんなとき、同居親は、前記の面会交流実現の片面的義務の一環として、面会交流に際して、「何の心配もしないで存分に楽しんでいらっしゃい！　何があってもすべて責任は私がとるから」と子どもに伝え、面会交流の実現を喜んであげることが肝要です。

「別居親と会わせると子どもが不安定になる」との主張が同居親からなされることがありますが、同居親自身が面会交流を否定的にとらえるのではなしに、別居親との交流の楽しさや必要性を常日頃から子どもに積極的に説明している限り、母親の不安な心情を忖度した子どもの心は楽になります。別居親は同居親を攻撃している敵ではありません。けんかや離婚というしこりは残っていても、こと子どもの成長発達に関しては両者は対等の立場に立っているのです。このことをしっかり心にとどめておくだけでも、「子どもの心が不安定になる」可能性はうんと低くなるものと確信します。

このことは司法の場でも同様です。あらゆる事項に優先して、子どもの成長発達権を担保する面会交流をいかにしたら実現できるかを真剣に考え（審理し）、主張すべきです。関係当事者全員が子どもの権利の実現に向けて協力することこそ、子どもの権利の救済だということを関係者は深く心に刻んでおくべきです。

●弁護士

インターネットを検索するとすぐにわかりますが、「離婚や子どもの親権・面会交流」でお困りの方は、「当弁護士にご相談ください」といった広告のなんと多いことか。子どもの権利は、証拠のねつ造や屁理屈を並べて、相手を打ちのめしたり、白黒の決着をつけて、相手と法的に分離することによって実現できるものではありません。弁護士の使命は「基本的人権を擁護し、社会正義を実現すること」（弁護士法1条）にあると高らかにうたわれていますが、たいていの弁護士は「子どもの権利の擁護」とは真逆のことを行い、クライアントのわがままな利益の実現を至上の使命としています。弁護士は、クライアントのみならず、子どもの成長発達権の実現という利益にも大きく関わっているのであり、通説的な弁護士倫理は見直されなければならないと思います。

なかには、母親の社会的自立を最優先し、DVとは言えない事案であっても母親と子どもをシェルター等に隠して、別居親が一切連絡を取れないようにしてしまう弁護士もいます。母親の自立のほうが子どもの成長発達より優越的であり、そのためには「子どもの面会交流」を阻害することも許されるなどと、どうして言えるのでしょうか。

同居親やその親族と一緒になって、子どもと別居親との面会交流が子どもにとっていかに悪影響を与えるかという主張や証拠をねつ造したり、子どもが面会交流を拒否していることをとくとくと主張する弁護士も多いですが、子どもの権利の視点から見る限り、このように子どもと別居親との分断を積極的に図る弁護士は、子どもの権利に対する侵害者以外の何ものでもありません。こんな実務が日常レベルで通用している限り、とうてい「子どもの権利条約」に基づく面会交流権や共同養育権が司法の場で成熟することはないと言えましょう。

●裁判所

調停や審判において、子どもの権利の視点から面会交流や共同養育の争訟《そうしょう》を解決しようとする裁判官や調査官はほとんどいません。調査官の多くは子どもの利益のために動く独立のアドボケーター（代弁者）になっていません。裁判官の指揮を受けて資料集めをしているだけのような調査官もいます。裁判所関係者の主眼は、あくまでも、いかにして親たちの主張や紛争に手早く白黒をつけて一件落着させるかにあり、「いかにして子どもの成長発達権を実現させるか」という点には置かれていません。たとえば、私の経験でも、（子どもとの関係は良好であった）双極性障害の診断を受けたことのある別居親の母親が、長年診察を受けている医師（子どもも診察してもらっていたことがある）の「面会交流をすることのほうが、母子双方の精神的安定のために有益である」旨の意見書を提出しても、医師の診断書も添付していない同居親側の「重度の精神障害者に子どもを任せることはできない」とする書面主張を鵜呑みにして面会交流を禁止してしまいました。そのケースでは、同居親（およびその祖父母）と担当弁護士が繰り返し「子どもは頑《かたく》なに面会交流を拒否している」と主張し続けていましたが、子どもがたまたま母親からの手紙を見つけて読み、「両目にいっぱい涙をためていた」との情報を得ることができました。そこで裁判官に子どもの心情の実態を知るための調査を依頼しましたが、即座に否定されました。このように裁判官の頭のなかには、子どもと別居親との関係を丁寧に織りなして、なんとかして別居親との関係の崩壊を防ぎ、子どもが「あんなの僕の親じゃない」と別居親を切り捨てるようなことをせずに、両父母との愛着関係を維持しながら成長発達すべきだ、という意識はほとんどありません。このことは別居親がDV加害者の場合にも当てはまります。面会中に直接暴力をふるったり、同居親にDV行為をするのでない限り、第三者や面会交流支援者の立ち会い等を受けて、安全を守ることはいくらでもできます。じっくり待つ必要がある場合もあります。（一方的に）悪いと思われ、あるいは過去に暴力をふるった（と言われる）別居親であっても、子どもにとってはかけがえのないひとりだけの実の父親なのです。子どもはそんな父親からもいっぱい学ぶことがあると、家庭問題カウンセラーの新川てるえさんは言っています（『子連れ離婚を考えたときに読む本』131頁）。良い父親悪い父親などと分別してしまう必要はまったくありません。

また、子の連れ去りをそのまま容認したり、目立った問題のない限り同居親の下で生活を継続することが慣行として承認されています。これを〝継続性の原則〟と呼びますが（家庭裁判所調査官の調査をも支配している）、別居親側の情報や状況の精査を遮断し、個々の子どもの成長発達権を侵害している場合が多いです。

子どもの拒否意思（意見表明権）にどう応じるべきか

以下にはその代表例として、面会交流における別居親に対する子の拒否意思にどのように対応すべきかについて、同居親が母親であり、別居親が父親であるという事例として考察します。

(1) 別居親である父親と子の断絶の危険

拒否意思がどのように形成されたかはさておくとしても、現に子どもが面会交流や共同養育を頑《かたく》なに拒否している限り、親権の取得はおろか、父子関係を再構築することさえも非常に困難をともないます。しかし、母親の一方的な好悪《こうお》の感情によって、子どもの父親に対する否定的態度が醸成された場合において、「子の意思を尊重する」という名目で父子関係の断絶を確定的に認めることは、子の成長発達に有害であるばかりか、「子どもの権利条約」の規定に反します。子が別居親に対して強固な拒否的意思や態度を有していることをよいことに、面会交流や共同養育を認めず、父子関係を断絶してしまうことは、子の最善利益に反し、「子どもの権利条約」の意見表明権に対する無理解そのものです。

(2) 意見表明権は自己決定権ではない

近年、「子どもの意思尊重」すなわち子どもの権利条約12条「意見表明権」を前面に出し、「子どもの拒否意思を尊重」して面会交流を行わないケースが増えていますが、これは12条の解釈の矮小《わいしょう》化です。すでに詳述したように12条の意見表明権は、そこに表明された内実に実体的効果を付与するものではありません。実際においても、子どもがいかに頑なに、あるいは汚い言葉を用いて別居親を拒否していても、それが親子の断絶を願っている真意なのかどうかは、実はだれにもわかりません。親を捨てるという残酷な決定を子の両肩に負わせるようなことをしてはいけません。

(3) 意見表明権は子どもが自ら呼びかけ身近なおとなと人間関係をつくる権利

「子どもの権利条約」は、「自然的環境としての家族のなかで愛情と幸福と理解のある環境」を提供してもらわない限り、子どもは人格の調和のとれた人間に成長発達できないと断言しています。世の中が近代化されて、親がそのような環境を保障することが難しくなったため、「子どもの権利条約」は、子どもの「ねぇ、ねぇ！」という呼びかけ（意見表明権の行使）に対して、親が「なぁに？」「そうなんだ！」と受容的に応答する義務を課したのです。言い換えると、子どもの「ねぇ、ねぇ！」という本能的な愛着行動としての欲求表明によって、子ども自身が自らの成長発達に不可欠な親との間の「愛情と幸福と理解のある環境」を形成できるようにしたのです。このように意見表明権とは、「困っているよ、助けて！」という叫びを発して、親といった身近な者との間に受容的・応答的な人間関係をつくり、それを通して一緒に問題解決をしていく子どもの権利なのです。

(4) 「頑なに否定する」子どもの行為は、助けを求める意見表見権の行使

ここで重要なことは、子どもが「頑なに面会交流を拒否している」という行動自体が、子どもの意見表明だということです。「子どもは頑なに面会交流を拒否する」ことによって、自分の欲求に真正面から「向き合ってくれよ！」と希求しているのです。子どもは自分がこのように頑なに父親

との面会交流を拒否することによって、「自分が父親を捨ててしまうのではないか」「今は父親と会える状況ではない」という恐怖と不安に直面しているのです。「僕の欲求にきちんと向き合い、否定することなく一緒に考えて問題を解決してくれよ」という子どもの叫びなのです。それなのに、同居親や司法の実務は「子どもが拒否しているのだから面会交流はすべきではない」と、いとも簡単に親子を断絶させてしまいます。人類の英知として承認されてきた子どもの成長発達の場から子どもを切り離し、子と別居親を孤独という闇の世界に投げ込んでいるのです。

子どもが面会交流を拒否している場合を、面会交流の類型的禁止事由としようとする傾向は、弁護士や裁判官にも広く認められます。しかし、これは子どもの権利条約違反で到底許容できません。

しかも、このような傾向は、偏見があるかもしれませんが私の経験では、単にクライアントである同居親の利益を実現するというだけではなしに、男女平等を説き進歩的と言われている弁護士に顕著に見られるような気がします。子どもという弱者を犠牲にしたフェミニズム運動は、やがて自らをも不幸にしてしまうかもしれませんし、子どもはイデオロギーでは幸せになれません。

面会交流に関するまとめ

私は長い間、面会交流事案をたくさん扱ってきましたが、実は、面会交流が何のために行われなければならないかをきちんと理解している裁判官、家裁調査官、同居親およびその弁護士があまりにも少ない現実に愕然《がくぜん》としています。そもそも子どもの権利主体性がどのようなものであり、養育者による「愛情と幸福と理解のある環境」が無条件で保障されない限り、子どもは絶対に成長発達できないという子どもの権利条約の命題さえもほとんど理解していません。子どもの権利を実現するという姿勢を欠き、事件の処理とクライアントである同居親の心情と利益を絶対化しています（これが弁護士倫理だと考えているかのようです）。これを達成するために、詭弁を弄《ろう》して、面会交流を行わない方向へ向けての証拠や制限事由をねつ造さえしているように見受けられます。面会交流の実務がこのようなものである限り、日本においては司法を通しての子どもの成長発達を期待することは大変難しいと言えましょう。

関係者が、子どもと別居親が面会交流しないように働きかけることは一切許されません。なぜならそれは、子どもの成長発達のために絶対になくてはならない「愛情と幸福と理解のある環境」を保障するための「子どもと別居親との受容的な応答関係を形成する」子どもの権利を侵害するからです。子どもが別居親と受容的な応答関係を再構築し、愛情と幸福と理解のある環境のなかで成長発達できるように、親も、弁護士も、裁判所関係者も、全員がただ一つの同じ目的に向けて協働することこそ、子どもの権利の救済です。それは「子どもは両方の親の愛を必要としており、それを可能にしてあげよう」という「共同目的」です。日本もこの共同目的に向けて、考え方を、そして制度を変革することが焦眉《しょうび》の急として求められています。その要点は次のようなものです。

①　共同目標の設定

親、弁護士、裁判官、その他関係者の全員が、子どもの成長発達と「受容的な応答関係の再形成」

を目的として、一緒に考え、協働する。

② 審理構造の変革

勝ち負けを決めることおよび利害関係者が自己の利益を追求することを目的としてはならない。

③ 子どもの当事者性

子ども本人がその代理人とともに当事者として出廷すること。

④ 共同親権

共同養育の法的大前提として共同親権制度を導入し、連れ去りを禁止すること。

⑤ 子どもの権利の理論化

近代法はその根底の「人間の固有の尊厳」を近世の理性的人間像を前提にして定義しましたが、いまだ理性のない子どもの権利は、より根源的な動物的人間像を加味して定義し直されるべきです。理性がなくても、死と孤独の恐怖から逃れるために本能的に他者との受容的な関係性を求め、その関係性のなかで自分らしく、共感的に生（活）きることも「人間の固有の尊厳」と言え、新たなもう一つの基本的人権の創設が待たれます。なぜなら人とは「理性的存在になり得る動物」なのですから。子どもの権利は、理性と自律を前提とする市民法とは異なる「他者と共感的に生（活）きる」関係論的権利です。

（福田雅章）

コラム

片親疎外とは

子どもにとって同居親は日頃、自分の世話をし、守ってくれる唯一の親です。その同居親が、意識的か否かにかかわらず、子どもに別居親の悪口などマイナスイメージを繰り返し伝えることがあります。同居親の気持ちをくみ取った子どもは、次第に、親の期待に沿う言動をとるようになります。

あなたのことを大好きだったはずの子どもが、離婚や別居を機に、別居親となったあなたを否定し、あからさまに嫌悪するような態度をとることがあるかもしれません。

たとえば、

・子どもが、面会交流時に別居親を「パパ・お父さん」「ママ・お母さん」と呼ばずに、名前で呼びすてにしたり「あの人」「あいつ」と呼ぶようになった。

・別居親が送った手紙に、子どもの字で「うけとりきょひ」と書かれて返送されてきた。

さまざまな書籍やネット情報を見ると、片親疎外とは、「同居親が別居親の悪口・誹謗・中傷などを子どもに伝える、別居親に関する話題を禁止する、別居親との面会交流時に子どもに別居親を拒否するよう強いるなど、同居親が悪意によって子どもが別居親を拒むように仕向けたり誘導することで生じる。子どもの祖父母、親族、離婚問題に関与する専門家などの態度や何気ない言葉も原因になる可能性がある」と説明されています。

この考え方は、１９８０年代の中頃、アメリカの精神科医ガードナーが提唱したものです。そもそも、ガードナーは、親権を争う裁判で、子どもへの性的虐待の訴えが頻発していることに注目し、このとき、90％の子どもが混乱していると断定し、これを片親疎外症候群・片親疎外（ＰＡＳ：Parental Alienation Syndrome）と命名しました。ＰＡＳは、父親に対する子どもによる中傷キャンペーンであり、母親が子どもを「洗脳」あるいは「プログラミング」し、父親による虐待を子どもに信じ込ませて、その結果、事実でないことを子ども自身が本当の話に仕立てるようになる、と理論化されました。[注1] ガードナーはこれを、意図的な悪意でなく病理であると考えました。ＰＡＳという言葉は、臨床心理士の棚瀬一代によって初めて日本に紹介されています。

アメリカでは、片親疎外がいくつかの裁判に影響を与えたようです。「ＰＡＳは訴訟場面における家庭内の人間関係を記述するために、特別にあつらえたかのような概念であった[注2]」とする指摘もあります。ところが、多くの場合、片親疎外の原因はより複雑で、実証するデータも十分でないことなどから、現在ではアメリカでもＰＡＳ概念の有用性は疑問視されており、[注3] １９９６年にはアメリカ心理学会が、ＰＡＳを実証するデータは存在しないとのコメントを発表しました。のちの２００８年には、さらに、実証するデータが不足していることを挙げ、ＰＡＳという言葉の使用に懸念を示しています。

一部の書籍やネットには、ＰＡＳが、アメリカ精神医学会のＤＳＭ－５（精神疾患の診断・統計マニュアル）、ＷＨＯ（世界保健機関）のＩＣＤ－11（疾病及び関連保健問題の国際統計分類第11版）（２０２２）において疾患・症候群として掲載されているとあります。ＰＡＳは、２０１９年の段階で、精神及び行動の障害の分類に新たに追加される候補とされました。しかし、結果として、掲載されませんでした。注意すべきなのは、ＤＳＭ－５もＩＣＤ－11のいずれもが「疾患」を説明するものであるという点です。

片親疎外はたとえば、親・社会からの虐待や家族の不仲など機能不全家族で育ち、生きづらさを抱えた人をいう「アダルトチルドレン」の概念と同じように、医療における診断用語、病名・疾患を示すものではありません。2020（令和2）年の国会答弁「欧州連合欧州議会本会議より、我が国での子の連れ去りに関する決議が採択され、「子どもへの重大な虐待」と強調されたことに関する質問主意書」（提出者：海江田万里　2020）において、「片親疎外」がDSM－5、ICD－11で疾患として認められている旨の発言があったことで、あたかも疾患として存在するかのような印象を与えたことは否めません。この背景には、有識者すら片親疎外についてあいまいな理解にとどまっていること、「片親疎外」を疾患として認めてもらうことを願う人が多いことをうかがわせます。

　仮に、片親疎外が疾患であれば、調停を円滑に進行することができるかもしれません。別居親に対する子どもの突然の冷淡な言動は、同居親が子どもにあることないことを吹き込んだマインドコントロールの結果であり、精神的虐待とみなすこともできます。それならば別居親が、同居親から子どもを「引き離すべきだ」と考え、それに子どもがあらがえないのはごく当然のことです。

　しかしながら、ガードナーの主張からおよそ40年を経て、片親疎外の研究が進められた結果、子どもが別居親を拒否する原因は、親の性格と認知機能、別居親に対する否定的な信念と行動、子どもの気質、父母間葛藤、専門家との関わり、拡大家族等、さまざまな要因の相互作用によるもので、必ずしも片親疎外行動だけに由来しない（注4）とする考え方が主流になりつつあります。

　もちろん、片親疎外という「現象」は認められるかもしれません。たとえば、家庭裁判所研修所発行の論文には、子どもが（面会交流に）「絶対に行きたくない」「会いたくない」と主張している事例が片親疎外から解釈されており、紛争下の親子関係について片親疎外に関する知見の理解の重要性を指摘しています。（注5）とはいえ、子どもの否定的な態度・行動のすべてを片親疎外という言葉だけで説明するのは難しいはずです。

　イギリスやカナダなど各国の法の場で、片親疎外という考え方を使わないよう勧めています。繰り返し、同居親から別居親の悪口を聞かされた子どもは、心のなかで否定しながらも、同居親に嫌われまいと、別居親に冷酷な態度をとるかもしれません。これらは、ＰＴＳＤ（心的外傷後ストレス障害）に代表される疾患として理解することができるかもしれません。

別居親に対する子どもの否定的な態度が何に由来するのか。その原因は同居親だけにあるのではありません。「連れ去り」が「実家に帰る」など原家族を頼る傾向にある（注6）日本においては、祖父母や親族、さらに言えば、弁護士や心理士など子どもを支援する立場にいる関係するおとなたちが一因とも考えられます。また、学校や関わった施設・支援団体等の影響、子ども自身が自分の置かれた環境をどう受け止め、認識するかという傾向や性格、気質も関係するはずです。子どもの言動の裏に何があるのかを、決めつけるのでなく、広い視点から眺めてみることが大切と言えそうです。

（青木智子）

注1：ジョアン・S・マイヤー（高橋睦子訳・監修）　２０１５　片親引き離し症候群ＰＡＳと片親疎外ＰＡ－研究レビュー　梶村太市・長谷川京子編『子ども中心の面会交流－心の発達臨床・裁判実務・法学研究・面会交流支援の領域から考える』日本加除出版　58-82

注2：岡田まみ子・大野恵美・濱野昌彦　２０１０　ＰＡＳ（Parental Alienation Syndrome）－理論の概要と家裁調査官関与のヒント－　家裁調査官研究展望38　41-52

注3：青木聡　２０１０　ＰＡＳ（Parental Alienation Syndrome：片親疎外症候群）について　大正大学カウンセリング研究所紀要33　5-21

注4：横山和宏　２０１８　子が面会交流を否定する事例での調査及び調整の方法の検討－Friedlander&Walter（2010）の家族介入モデルを参考に－　家裁調査官研究紀要25　55-109

注5：齋藤友由樹ら　２０１６　子の意思把握の調査の充実に向けた調査方法の研究：調査に有用なツールを活用した調査の在り方について　家裁調査官研究紀要22　19-127

注6：木附千晶・青木智子　２０１９　子どもの権利を保障する面会交流を目指して：心理職に求められるもの　平成国際大学論集：平成国際大学法政学会23　115-132

コラム

親に権利はあるの？

「子どもの権利」は、子どものためにあります。まだおとなになっていない子ども特有の権利です。子どもはおとなから無条件に受容されながら成長、発達すべきだと、「子どもの権利条約」は定めています。

　では、子どものときに周囲から受容されなかったおとなはどうでしょうか。無条件の愛を知らずに育った人は、「自己肯定感」が低いおとなになります。たとえば「いい大学に入ったら褒めてあげる」といった励ましは、子どもにとって条件つきの愛でしかありません。入試の次は就職、就職の次は結婚と、条件を満たせるかどうかの競争は続きます。勝ち続けた人は「勝者」になれますが、いつも失敗できないプレッシャーにさらされているので、ありのままの自分を愛せません。負けたときに「それでもよくやった」と温かく迎えてもらえる確信を持てない人にとって、生きることは、絶対負けられない戦場に身を置くようなものです。そのようなおとなは、子どもをもうけると、やはり条件つきの愛情をかけます。こうして、次の世代にも、心の安全基地を持たない子どもが育ちます。日本で子どもをめぐる親の争いが過熱しやすい原因も、子ども時代に自己肯定感が育まれない「負の連鎖」があるのではないかと思います。たとえ失敗しても「よくやったね」とプロセスを認めてもらう経験を、今からでも積むことが望まれます。

　他者を傷つけさえしなければ、ありのままの「思い」や「願い」を表明し、受け入れてもらう権利は親にだってあります。

（森本京介）

5章

別れてもふたりで育てる

5−1

子どもを幸せにする共同養育

すでに2章でも書いたように、日本は先進国では珍しい単独親権制度の国です。離婚後に子どもを育てたり、面倒をみるのは親権者となったどちらか一方の親であることが多いのが現状です。もう一方の親は、へたをすると会うことさえかなわなくなってしまうこともあります。２０１１年の民法改正以後、養育費の支払いや面会交流の実施率はわずかによくなりましたが、まだ低い水準です。離婚当初は行われていた面会交流も養育費の支払いも、ほぼ3年以内で途絶えてしまっています。面会交流を「現在も履行」しているのは母子世帯29・5%、父子世帯45・5%にすぎません[注1]。

単独親権制度は、離婚の際の争いを激化させ、「いかに相手は親失格か」を並べ立ててお互いを誹謗中傷《ひぼうちゅうしょう》し合う争いの渦中へ子どもを放り込む大きな要因です。養育費の未払いや、子どもの連れ去りや虚偽ＤＶの一因ともなっています。また、「片親疎外（１６２ページ参照）が児童虐待である」と指摘したクルックは、片親疎外が単独親権制度の国で生じやすいとも述べています[注2]。両親の争いに巻き込まれること、とくに子どもをめぐる争いに巻き込まれることや、片方の親を失ったりすることが子どもに有害であることは、この本のさまざまな章でも繰り返し述べられています。それにもかかわらず、状況が一向に改まらない日本に危惧を感じた国連「子どもの権利委員会」も２０１８年に行われた子どもの権利条約に基づく日本政府審査に対して出した第４・５回『総括所見』で次のように勧告しています。

「共同親権・共同養育を認める目的で、離婚後の親子関係について定めた法令を改正し、一緒に暮らしていない親とも親密な関係を保てるようにせよとした子どもの権利条約9条を保障せよ」

「子どもの権利条約」が目指す共同養育とは

子どもと会えなくなってしまった別居親などが中心となって、「日本も共同親権に！」と民法改正を望む動きもありますが、まだまだ道は険しそうです。親権はたしかに大事なものですが、「それがなければ子育てができない」というものではありません。子どもは「親権を持った親かどうか」なんて気にしていません。

そこでお勧めなのが、親権がなくても今すぐできる「共同養育」です。たとえば2021年に離婚した俳優の市村正親さんと篠原涼子さんのようなケースがあります。市村さん宅に住む子どものピアノレッスンに篠原さんが付き添ったり、篠原さんが〝元自宅〟で子どもの食事をつくったりして話題になっていました。

「一緒にやっていけないから離婚したのに、別れた夫・妻と一緒に過ごすの⁉」

そんな悲鳴が聞こえてきそうですが、別に「一緒の時間を過ごす」ことだけが共同養育のかたちではありません。第三者機関である面会交流支援団体などを利用して、子どもの受け渡しをしてもらい、元夫・元妻とは顔を合わせないという方法でも、やれないことはありません。

大切なのは「調和の取れた人格へと発達できるよう、子どもに両親いずれからも愛情をもらえる関係性（子どもの権利条約前文、6条、9条、12条、18条）を確保すること」です。それができていれば、すべて子どもの権利条約に則《のっと》った、れっきとした共同養育です。

ポーズだけの面会交流ではだめ

「子どもの権利条約」から考えると、日本でよくある「月1回数時間、ちょろっと顔を合わせただけ」の面会交流などは共同養育には入りません。「とりあえず面会交流をやっていますよ」というポーズをとっているだけです。写真や成績表を渡す間接交流など、話にもなりません。そんな面会交流では、子どもと別居親の間に〝人的な関係〟など築けるはずがないのですから。

欧米では、週末ごとに別居親の家に子どもが泊まりに行くのも当たり前です。たとえ乳児であっても、週末の半日を別居親の家で過ごすことも珍しくありません。それ以外に、平日にも子どもが別居親と過ごす時間が確保されていたりします。長い休みのときには、日頃とは違う面会交流のスケジュールが組まれ、休みの間中、別居親の家で過ごすというのもよく聞きます。

ある程度成長した子どもの場合、日常的に気軽に父親・母親の家を行き来したりしています。一定期間ごとに子どもがどちらかの家で暮らしたり、子どもが住む家に父親・母親が入れ替わりでやってくるなど、それぞれが、やれる方法で、でき得る限り両方の親と関係性を築いていける共同養育のための努力をしています。国や地域によっては、離婚した父母が子どもが行き来できる距離に住むことを定めていたり、父母いずれかが遠くへ引っ越すことを制限しているところもあります。

「市村・篠原元夫妻よりもハードルが高い」と思われたかもしれませんが、大丈夫です。何も「どちらの親とも生活する」という環境がないと、〝人的な関係〟がつくれないというわけではありません。やり方次第、とくに同居親の心がけ次第で、別居親は子どもにとって大切な存在になり得ます。

年に10回でも立派な共同養育

都内で自営業をしている圭子さん（40代）は、約10年前に離婚しました。関西に住む父親（元夫）と高校生と中学生の子どもたち（現在）は、長期休暇や父親の出張を利用しながら、年10回程度の面会交流を行ってきました。日頃は、圭子さんが子どもたちの写真などを送り、子どもたちは電話やメールなどで父親と連絡を取っています。子どもたちは、面会交流で父親とどんなことをしたか、父親がどんなふうに暮らしているかなどを圭子さんに気兼ねなく話してくれるそうです。圭子さんと元夫も「あなた（元夫）が突然死したりしたら、子どもたちが悲しむから健康診断の結果を教えて」と直接、電話で尋ねたりもしています。

そんな圭子さんも、最初から共同養育派ではありませんでした。

「陳述書に『一生会わせない』と書いていました。『別れたんだから、もう子どもに執着しないで。共同養育とか言う人がいるから、ほんと迷惑』と思っていたんです（笑）」（圭子さん）

離婚当初、面会交流のときには圭子さんが父親に子どもを引き渡していました。父親と会うと顔がこわばり、子どもたちが気を遣っていたと言います。とくに年長の子は、「ひとりになった父親がかわいそう」と、自分の休みや友だちづきあいを全部削って父親と過ごし、面会交流後は圭子さんとの関係がギクシャクしたそう。圭子さんは面会交流をやめたい気持ちでいっぱいでしたが、①審判で月1回程度の面会交流が決まったこと、②養育費をもらっていること、③自分だけが子どもと過ごしている罪悪感があったことなどから、渋々、面会交流を続けてきました。

圭子さんの気持ちが変わってきたのは、離婚して5年が過ぎたころから。

「フルタイムで働いているから、私は休みの日はぐったり。経済的にも、とても子どもたちを遊びに連れて行ってあげる余力はありませんでした。そんなときに、父親が遊園地や水族館に連れて行ってくれたり、洋服や勉強道具を買ってくれたりする。少しずつ父親に感謝できるようになりました。いつの間にか子どもたちに『パパと会えてよかったね』『今度はどこに連れて行ってもらえるか楽しみだね』と声をかけられるようになっていたんです」（圭子さん）

コロナ自粛が言われ始めたときには、「父親の家のほうが広いから巣ごもり生活でも子どものストレスが少ないだろう」と、長期にわたり子どもたちを父親宅へ行かせていました。今では「パパの親戚がママの悪口を言ってたから、嫌だった」など、ネガティブなことまで子どもたちはちゃんと話してくれるようになり、両方の親と気兼ねなく、自然に会えていると言います。また、「父親といつでも会える」という安心感から、子どもたちの「父親がかわいそう」という思いもなくなり、友だちと遊ぶ時間を優先させることもできるようにもなりました。

すっかり共同養育派になった圭子さんは、その良さをこんなふうに話します。

「結局、私と同じレベルで、子どもを思ってくれるのは、父親だけなんですよね。『かわいいね』とか『大きくなったね』と言ったときに、『わかる、わかる』って言える人っていうのかな。私だけでなく、そんなふうに信頼できるおとながいるのは、子どもにとってとてもいいことだと思います」

（木附千晶）

注１：法制審議会家族法制部会参考資料（２０２１年７月）

注２：Kruk, E. (2018). "Parental Alienation as a Form of Emotional Child Abuse: The Current State of Knowledge and Directions for Future Research," Family Science Review, 22 (4), 141–164.

5−2

良いことずくめの共同養育

子どもにとって「共同養育」は良いことずくめです。何よりのメリットは父親・母親両方との関係・接触が保たれることで、『自分は両親に愛されているんだ！』と子どもが実感できること。それに「自分の親」を肌で感じながら成長できますから、子どものアイデンティティの確立にも役立ちます。両方の親と子どもが人間関係を紡《つむ》げる共同養育をすることで、「別居・離婚が子どもに与える影響」（［1－3］22ページ）等に書いた、子どもへのマイナス要因をかなり払拭《ふっしょく》することにもなります。一時は、離婚の衝撃を受けたとしても、その後のリスクは非離婚家庭の子どもと同じところまで下がります。近年の研究では、話し合いさえ難しいような両親であっても、単独よりも共同養育のほうが子どもにとって良い結果をもたらし、両親や祖父母、ステップ・ファザーやステップ・マザーとの関係の質が子どもの良い精神発達と関連していると言われています。(注1)

子どもにとって離婚は、引っ越しや別れなどをともなう、とても大きな喪失体験です。喪失を体験するとすべてが否定的・悲観的にしかとらえられなくなり、希望が持てなくなったり、自分だけが取り残されたような孤独感に陥《おちい》ったりします。ふいに涙が出る、食欲や睡眠の低下または過剰、下痢や便秘、吐き気や腹痛、頭痛などの身体症状が現れることも珍しくありません。これらは「大切なものを失った」ことに対する、正常な心身の反応です。おとなよりも自分を守る力が弱い子どもは、その衝撃がさらに大きくなります。発達度合いにもよりますが、子どもは何が起きているかを理解したり、自分の気持ちを言語化することが難しかったりもします。気分や体調の変化をうまく周囲のおとなに伝えられなかったり、親に気を遣って隠そうとすることも多々あります。

そんな喪失体験とそこからくる影響を最小限に抑え、子どもがおとなになっても続く離婚のダメージを軽減するために、「自分は愛されている」と子どもが思える環境がなくてはならないのです。

子どもに建設的な対人関係モデルを見せられる

共同養育は、両親が協力する姿を見せることができます。親権や監護権を争い、「自分のほうがより子どもにとって良い親である」と証明したり、「相手は親失格のダメ人間である」との証拠集めも不要になります。子どもが、大好きなお父さんとお母さんが醜《みにく》く罵《ののし》り合い、自分を奪い合う姿を見ずにすみ、自分の半身を否定する必要も、どちらかの親を選ぶ必要もなくなります。協力、協働する両親の姿を見て「いろいろあって離婚はしたけれど、両親は自分を大切にしてくれている」と、両親の愛を実感できるだけでなく、「たとえ考えの違う相手であっても、話し合って建設的にものごとを進めていくこともできる」と、良い対人コミュニケーションのモデルを学習することもできるでしょう。建設的なモデルを両親から学んだ経験は、その後の対人関係、とくにパートナーとの関係性にプラスとなります。人を疑い、攻撃し、勝ち取る生き方ではなく、人を信用し、協働し、与え合う生き方こそが、人生に真の豊かさをもたらしてくれると学ぶこともできるはずです。

子どもの世界が広がる

価値観や性別、生き方などが違うふたりの親と関わることで、子どもは広い世界に触れることができます。一方の親が不得意なことをもう一方の親から教えてもらったり、違う視点からものごとを見ることができたりするでしょう。おのずと子どもの知識や学び、体験の機会は増えます。多種多様なもの、質の違うものに接したり、取り入れたりすることも多くなるでしょう。

片方の親とうまくいかなかったときには、もう一方の親が〝逃げ場〟になります。日常的に世話をしてくれる同居親とは違う、特別な遊びや経験をもたらしてくれる別居親は、ワクワクしたりドキドキしたりする時間を提供してくれることでしょう。

同居親がリフレッシュできる

子どもを楽しませたり、連れ出したりしてくれる別居親は、同居親のリフレッシュにも役立ちます。別居親と子どもが出かけてくれれば、同居親も自分の時間を確保したり、息抜きができます。それに別居親と楽しく過ごしてきた子どもは、満足しているし、疲れてもいます。もしかしたら、戻ってきてからもしばらくは、あまり手を焼かせずにいてくれるかもしれません。

ひとりで抱え込んでしまうと、疲れもたまります。「どうして自分ばかり」と、喪失感も増えていきます。イライラして、子どもに当たったり、子どものニーズを見過ごしてしまいがちです。

経済的なサポートになる

共同養育をすることで、別居親も子どもとの関係を維持することができ、子どもの成長を自分の目できちんと確かめることができるようになります。子どものほうも、別居親に懐《なつ》きますし、頼りにします。そうなれば別居親の子どもへの愛情は深まり、「親としての務めを果たさなければ！」という気持ちが喚起され、養育費を支払うモチベーションにつながります。

また、両親と双方の祖父母の合わせて6個の財布を離婚後も子どもは持つことができます。子育ては何かとお金がかかりますから、祖父母が助けてくれるなら、子どもが受けられる恩恵は大きくなります。ただし、ずかずかと介入してくるような祖父母には要注意です（［3－4］102ページ参照）。誕生日や入学や卒業のお祝いなども、祖父母から受け取ることで祖父母からも大切にされていると感じることができます。本節の冒頭に示した「両親や祖父母、ステップ・ファザーやステップ・マザーとの関係の質が子どもの良い精神発達と関連している」という研究結果もうなずけます。

「もしも」の保険ができる

人生、いつ、何が起こるかわかりません。今は健康な同居親でも、急に病気になるかもしれませんし、不慮の事故に遭うかもしれません。仕事を失うこともあり得ます。今はまだまだ動ける同居親の両親（子どもの祖父母）は、当然ながら先に衰えていきます。そんなときに、子どもを任せられる人、子どもが頼れる人がいたら、どれほど心強いでしょう。「もしも」のときに、愛する子どもが路頭に迷わないために、子どもが別居親を頼れる状況をつくっておくためにも、共同養育は役立ちます。同居親にもしものことがあったとき、自分と同じように子どものことを思い、子どもを第一に考えてくれる人がもうひとりいたら、子どもにとってこのうえない助けになります。

「もしも」のことが起こってから、子どもと別居親との関係を再構築しようとしても、子どものほうも戸惑います。もし月1回数時間の、ポーズとしての面会交流しかしてこなかったとしたら、すんなり子どもが別居親と一緒に暮らすというわけにはいきません。日頃から、別居親と子どもに良い関係をつくっておくのは、同居親に何かあったときに子どもを守るリスクヘッジになります。

子育ての負担を分担できる

ここまで読んでいただいたらおわかりのように、共同養育は、子どもにとって良いだけでなく、同居親にとっても大きなメリットがあります。単独親権でひとりで負うことになった子育ての責任をふたりで分けることができるのです。これは同居親にとって、大きな精神的支えになります。

専業主婦だった真菜さん（30代）は、1歳6カ月（当時）の子どもを連れて別居、離婚しました。今は実家で両親のサポートを受けて暮らしています。もともと体が弱かったこともあり、「ずっと子どもと一緒に過ごすのはしんどい」（真菜さん）と、結婚時から子育てを重荷に感じてきました。

元夫は、よく言えば厳しい人、悪く言えば「モラハラ」な人でした。しつけや教育、家事やお金の管理なども「こうでなくてはいけない」が多く、それ以外のことは受け入れないというタイプです。たとえば真菜さんが「体調が悪くて晩ご飯をつくれない」と言うと、1食分の食費を返すよう言ったり、カレンダーに食事をつくった回数を記録したりしていたそうです。

パートナーとしては難しい元夫ですが、真菜さんは「子どもの父親」として頼りにしています。養育費は欠かさず支払ってくれ、月1回の面会交流のほか、子どもを2泊3日の旅行などにも連れて行ってくれます。子どもも父親にとても懐《なつ》き、「パパに会いたい」と、電話をかけることもあるそうです。年末年始には、父方祖母宅にお泊まりし、子どもは楽しい時間を過ごしました。

「離婚して子育てをひとりで担っていくことはすごく不安でした。『相手に親権を渡したら楽なのかな』って考えたくらい。元夫が親としての責任を担ってくれているのはありがたいです。日本も単独親権じゃなく、両方の親が子育てに関われるようになるといいと思っています」（真菜さん）

離婚しても、「父親として」元夫が子育ての責任を担ってくれることで、真菜さんのひとり親としての重圧や不安は軽くなりました。同居親の精神的な安定は、子どもが安心して成長発達するために必要です。そうやって父親は今も子育ての重要な一翼を担っています。

（木附千晶）

注1：Nielsen, L. (2018). Joint versus sole physical custody: Outcomes for children independent of family income or parental conflict

5−3

共同養育を成功させるには

いかに共同養育が子どもにとってメリットがあるとわかっていても、実際に共同養育に踏み出すには、いろいろと超えなければならない問題が山積みです。元夫・元妻と、どこで、いつ、どんなふうに話し合うのか。どう折り合いをつけていくのか。話し合いながら妥協点を見つけることができたなら、離婚という事態には至っていないはずですから、考えただけでも気が遠くなりそうです。思い描いていた幸せな結婚生活という夢が破れ、どちらも深い失意と絶望のなかにいます。かつては愛し、愛された大事な人だっただけに、悲しみや寂しさ、相手への恨みや罪悪感など、ネガティブな感情も強く、心はそれらでいっぱいになっています。「裏切られた」「だまされた」「うそをつかれた」……いろいろな思いも次々にわいてきます。

なかでも、最もやっかいでつきあいづらいのが「怒り」の感情です。怒りは、自分が脅《おびや》かされたときや不条理を感じたときにわき上がります。とても自然で、大切な感情です。怒りは、私たちに自分を守る力を与えてくれたり、行動に移す原動力になったりします。怒りがあるからこそ、私たちは自分や大切なものを守りながら生きていけます。しかしそれだけに、怒りのエネルギーはものすごく大きく、爆発させると手の施《ほどこ》しようもないほど燃え広がります。へたをしたら自分までもがその業火《ごうか》に焼かれて、大やけどを負いかねません。

子どもを愛していますか？

ところであなたは子どもを愛していますか？　聞かれるまでもなく、愛していることでしょう。何よりも子どもの幸せを願っていると思います。「何を馬鹿なことを聞くんだ」と怒られそうです。愛しているからこそ、相手の不正や態度が許せなくて、「そんな信用できない相手に子育てに関わってほしくない」のでしょう。「何が何でも親権を手に入れたい」のでしょう。

けれど思い出してください。父母の争いは、何よりも子どもにとって有害です。子どもは父親も母親も愛していて、両親どちらもが必要で、片方の親を失うリスクはとてつもなく大きいものです。とくにその悪い影響は、子どもがおとなになってから、配偶者を選択し、家庭を築いていこうとするときに顕在化します。もし、相手への怒りで心がいっぱいになってしまいそうになったら、おとなになった子どものことを想像してみるとよいでしょう。

おとなになった子どもが、離婚家庭の子どもが背負うリスクのために、能力を発揮できず、自分に自信がなく否定的で、結婚にも子育てにも悲観的になり、パートナーとの関係を破滅させたりすることを、あなたは絶対に望まないはずです。そんな人生から解放され、子どもが存分に力を発揮し、人を信じ、建設的な人間関係をつくって、幸せな人生を歩んでいってほしいと心から願っているはずです。

争いを収められるかどうかで子どもの将来が決まる

ある大規模調査(注1)によると、子どもにとって最悪な要素は次の六つです。

① 親同士が、言語的、また身体的な暴力を使って、激しく争うのを目撃したり、耳にしたりすること。

② その争いが子どもと関係があるため、両親の問題について自分が悪いのだと思ったり、自分に責任があるのだと感じてしまうこと。

③ 一方の親が他方の親の性格やミスについて皮肉を言ったり、批判したりするのを聞くこと。

④ 忠誠心をめぐる葛藤から、直接、または間接に、どちらかの側に立ち、他方を敵視しなければならなくなること。

⑤ 一方の親の怒りや敵意に満ちた伝言を、他方の親に伝えることに慣れてしまうこと。

⑥ あからさまに、あるいは、それとなく、一方の親の前では他方の親について話してはいけないと言われること。

「子どもに味方になってほしい」「子どもを取り上げて、相手をぎゃふんと言わせたい」……そんなふうに思うことは当然、あるでしょう。それだけ大変な結婚生活だったのでしょうし、あなたは十分に傷つきました。不義理な相手のことを考えたら、「自分のほうが正しく、親として優れている」と、認めてほしい気持ちもわかります。でも、すべては子どものためです。そんな感情は横において、争いを収める方法を探していきましょう。

子どもの幸せのために協力する

厳しい言い方になりますが、「子どもを愛する」ということは、自分よりも子どもを優先させるということです。自分の感情や都合よりも、子どもにとって良いことを選択するということです。子どもが口にする言葉だけでなく、子どもが言語化できない思いや願いまでも細心の注意を払って聴き取ろうとし、安心してどんなことでも言ってくれる関係を築くことです。

それを忘れなければ、どんなに憎たらしい相手であっても、〝子どものため〟には協力できるはずです。相手は、子どもが愛している、この世で唯一のもうひとりの親なのだということを思い出すことさえできれば、相手への悪意を子どもに伝えたり、子どもが父親・母親に会いにくくなる状況をつくったりはしないはずです。子どもが別居親のもとへ行くときには喜んで送り出そうと努め、同居親のもとへ帰るときに笑顔で見送るよう、頑張ることもできるでしょう。「日頃、自分の愛する子どもの世話をしてくれている人」として同居親に感謝し、「愛する子どもに非日常の体験や特別な時間を用意してくれる人」として別居親を尊重することもできるようになるでしょう。

怒りとどうつきあうか

子どもを愛し、その幸せのために協力するには、「あなたのなかにある怒りとどうつきあうか」がポイントになります。

誤解のないようにしておきたいのですが、怒りを「なかったことにしよう」とか、ただ「がまんして耐えよう」という話ではありません。感じないように頑張って、本当に消えていってくれればいいのですが、残念なことに、それでも怒りはなくなりません。それどころかへたに抑え込もうとすれば、出口を塞《ふさ》がれたマグマのようにたまっていきます。そして、噴出する機会を探し、ちょっとした裂け目から大爆発を起こします。

そうならないためには、セルフケアも必要です。あなたの怒りに共感し、耳を傾けてくれるだれかが力になってくれることも多いでしょう（[5－6] 193ページ参照）。

（木附千晶）

注1：『別れてもふたりで育てる　子どもを犠牲にしない離婚と養育の方法』（明石書店　P.226~227）

5－4

ところで本当に共同養育できますか？

ここまでずっと「共同養育推し！」できましたが、少し立ち止まってあえて苦《にが》い話をしたいと思います。ちょっと落ち着いて、「そもそも自分に共同養育ができるのか」ということを確認しておきましょう。主に別居親、そして父親のみなさんへの問いになるかと思います。

近年は、「母性優先」「子どもの養育環境の継続性」という理由から、親権者となるのはほとんどが母親です。

「父親にだって子どもは養育できる！」

「勝手に子どもを連れて出て行っておいて『養育環境の継続性』とは何ごとか！」

そんな怒りの声が、聞こえてきそうです。女性でなければ子育てはできないなどと言うつもりはないですし、男性の養育能力を疑っているわけでもありません。でも、本当に「自分はずっと妻とまったく同等に養育してきた！」と胸を張れる父親はどのくらいいるでしょうか。

父親は0歳児の面倒をみることができる？

「子どもを幸せにする共同養育」（〔5－1〕168ページ）では、欧米の共同養育事情をごく簡単に紹介しました。欧米では、たとえ乳幼児、いえ、0歳児であっても週末の半日＋平日の夕方などの面会交流が認められていたりします。小さければ小さいほど、子どもにとって愛着形成が大事になります。たとえ両親が離婚してもそれぞれの親ときちんと愛着関係を結べるというのは素晴らしいことです。しかし一方で、疑問もあります。「はたしてどのくらいの数の父親が、0歳児の世話をちゃんとできるのか？」

なぜなら、何人もの別居親から、「自分が監護親になったら、（自分の）母親に手伝ってもらうから、子どもは育てられる」といった類《たぐい》の話を聞くからです。乳幼児との面会交流時に、子どもがおもらしをしてしまって右往左往したり、子どものトイレのタイミングがわからなくておむつをパンパンにして子どもを同居親に送り届けたり、というケースにも出会いました。

小さい子どもは、ふいに熱を出したり、お腹を壊したり、保育園からいろいろな病気をもらってきたりします。結婚しているとき、そうした体調の変化を察知したり、非常時に対応して仕事を早退したり、休んだりして看病しているのは、私が知っている限り、ほぼ母親でした。

日常でもそうです。子どもがぐずったときに抱き上げる、泣きやまない子どもを連れて外に出る、添い寝にミルクの準備、おむつの在庫管理まで、母親がすべてメインで担っていて、「寝かしつけなどしたこともない」という父親もいました。こんな状況では、「子どもを半日も預けることなど、とてもできない」と思われても仕方がないのではないでしょうか。

もちろん、父親全員がそうだとは言いません。母親よりもずっと子どもの養育能力に長《た》けていて、家事や育児を担っている父親を私も知っています。しかし、やはりそれはごく少数です。多くの場合、父親は育児に〝参加〟していたり、家事の〝手伝い〟であって、〝責任ある担い手〟ではありませんでした。そういう父親が、長時間、0歳児と過ごして、きちんと面倒をみることができるのでしょうか。

肝を据えて「子どもと向き合う」覚悟を！

総務省の『社会生活基本調査』（２０２１年度）によると、男性の家事・育児時間は増加傾向。21年度には最長の1時間54分になりました。とはいえ、まだまだ女性の7時間28分には及びません。今も女性は男性の4倍で、先進国のなかでも、日本の男性の家事・育児時間は最低レベルです。

また、21年度の東京都における男性の家事・育児参画状況についての調査では、子育て世代男女の週平均は1日あたりの男性の育児時間は2時間23分（19年度）から2時間15分にダウン。女性は6時間9分（19年度）から6時間10分（21年度）に微増しました。同調査における、育児以外の家事労働を含めた週平均は、男性が3時間34分、女性は8時間54分で、その差は5時間20分！　19年度調査に比べて19分拡大しました。

折しも、新型コロナウイルス感染拡大で在宅ワーク、巣ごもりが言われていた時期です。配偶者がいる男女40%が平日在宅時の仕事以外に使える時間が「増加した」と回答しています。そうした人のうち男性65・5%が「家事・育児に対する理解が深まった」そうです。それなのに男女の家事・育児時間の差が縮まらないのはいったいどういうことなのでしょう。「男性の在宅時間は増え、家事・育児への男性の理解は深まったが、実際にやろうとはしなかった。そのため、コロナで在宅が増えた家族のため、女性の家事時間が増えた」と考えるのは言い過ぎでしょうか。

長年の働き方の問題、世間が向ける男性への目、性役割の固定観念など、いろいろな理由がそこにはあるでしょう。かつて男性は企業戦士などと呼ばれ、「24時間戦えますか」という栄養ドリンクのCMが流行るほど、「夫は仕事で不在」「妻は家庭を守る」のが当たり前とされていました。それらは必ずしも、男性個人の責任ではありません。日本社会全体の問題です。

しかし、統計的に見ても、過去を振り返っても、日本社会で子育てを担ってきたのは母親でした。離婚して別居したから「父親不在」になったわけではなく、日本社会ではずっと父親は不在だったのです。多くの男性は父親として、夫として責任を果たすよりも、仕事や会社にだけエネルギーを注いできました。子どもにきちんと顔を向け、関係性をつくり、家族を大切にするなどということはほとんどしてこなかった、というのが日本の男性の現状ではないでしょうか。

繰り返しになりますが、それはもちろん、社会の責任です。しかし、「共同養育を！」というのであれば、会社や仕事が第一で、上司に忖度《そんたく》して生きる……そんな生き方を撤回し、肝《きも》を据えて子どもと向き合う覚悟が、男性には必要になります。

（木附千晶）

5－5

子どもの養育のために共同でプランをつくる

共同養育の方法は一つではありません。それぞれの家庭、元夫婦、子どもによって違います。子どもの年齢や発達状況、ニーズによっても違うでしょう。子どもの数、家族の数だけ存在します。

ただ、最低限、決めておかないと困ることもあります。以下のようなことです。

①　子どもの生活拠点（親権者・監護親）
②　養育費の額・支払い期間・支払い方法等
③　面会交流の頻度・時間・場所・方法・費用・子どもの送迎や行き来の方法
④　間接交流の頻度・時間・場所・方法・費用
⑤　父母の主な連絡方法

これら以外に、たとえば子どもの行事への参加や、子どもへのプレゼント、お小遣いや高額な買い物、旅行、教育にかかる費用の範囲や年齢など、さまざまに気になることはあるでしょう。「いざというときにもめないように」と、できるだけ事細かに記したくなる気持ちもわかります。

ただ、私の経験上、あまり詳細なプランづくりはお勧めしません。プランづくりの段階でもめたり、合意形成ができず、プランづくりそのものが難航することがよくあります。また、あまり詳しく書き込んでしまうと、そこから少しでもはみ出したものは認めないと言い出したり、重箱の隅をつつくようなやり取りが増えがちです。プランに縛られるあまり、その日、そのときの子どものニーズに応答できず、親子関係にヒビが入るなど、本末転倒なことも起こります。

共同養育のポイントは、詳細なプランづくりではなく、「子どもが両方の親から愛されていると実感できること」です。それに向け、次の三つを忘れないでください。

①子どものニーズや発達状況を踏まえ、どちらの親とも関係性を築けるプランか、②現実的に実行可能なプランか、③状況や変化など必要に応じて柔軟に再検討できるプランになっているか。

大切なのはプランの遵守ではない

たとえば私が面会交流支援に関わっていたケースで、面会交流中に子どもがけがをしたり、具合が悪くなったことがありました。そのとき「病院に連れて行く場合には同居親の許可を取る」という約束になっていたために、別居親が病院に連れて行くことを躊躇《ちゅうちょ》したり、連れて行ったことで同居親に責められる、ということがありました。また、子どもが「どうしても欲しい（同居親に聞いてからでは売り切れてしまう）」と、面会交流中に別居親にせがんだ２０００円程度のリュックが、「１回の面会交流時に購入してよい金額を超えていた」と、同居親の逆鱗《げきりん》に触れたこともありました。

たしかに、なかには面会交流のたびに高額な買い物をしたり、子どもが好きなアイスを食べたいだけ食べさせるなどし、「物で釣って子どもを懐かせようとする」困った別居親がいることは事実です。しかし、子どもが親に物をねだるということはよくあります。それがあまりにも高額であるとか、通常、子どもに買い与えることを控えている物であれば、婚姻中であってももうひとりの親に相談するのが筋でしょう。ただ、そうではないのに「約束と違うから」と、同居親の許可を取らなければ買えないというのは、あまりにも不自然ではないでしょうか。

もちろん、プランを遵守《じゅんしゅ》することは、父母が信頼関係を持って、安心して面会交流、共同養育を行っていくために重要です。でも、いちばん大切なことは、「子どもにとって良い養育をしていく」ということです。そのためには、どんな言動や態度が必要でしょうか。そして、どんなことをしてはいけないでしょうか。考えてみれば、おのずと答えは出てくるはずです。「約束と違う」と目くじらを立てたり、「特別だよ」と子どもに高価な物を買い与えているとき、あなたの心のなかにあるのは、子どもへの愛情でしょうか。憎たらしい元配偶者への復讐《ふくしゅう》心や怒りではないですか？

子育てを〝仕事〟と考える

よく、共同養育を成功させるコツは、子育てを〝仕事〟として考えることだと言われます。子育てという〝仕事〟の目標は、「子どもの権利条約」が目指す、子どもの能力を最大限に伸ばし、調和のとれた人格へと育てることです。そのためには、「幸福、愛情及び理解ある家庭環境」を子どもに提供しなければなりません。これはお互いにうまくいっている夫婦であっても、そう簡単にできる仕事ではありません。破綻《はたん》した夫婦で行うとしたら、もう難行苦行《なんぎょうくぎょう》に近いでしょう。

通常私たちは、信頼できる人だからビジネスパートナーになります。「この人とならやっていける」と思うから、その相手をパートナーに選びます。ところが、今回、子育てという仕事を一緒に行う相手は、そうではないのです。目標は同じかもしれませんが、その手段や方法が異なっていたり、価値観や考え方が根本的に異なっていたりします。人格的にも信頼はできません。うそをついたり、情報をコントロールしたりしかねない（と、あなたが思っている）相手です。できれば一緒には組みたくない相手と、とても重要で大変な仕事をしていかなければならないのです。「この仕事から手を引いてほしい」と思ったり、相手を無視して進めたりしたくなるのも当然です。

それでも、覚えておいてください。相手もあなたも間違いなく、子どもの親なのです。この世には星の数ほど人間がいます。しかし、子どもの親はあなたたちふたりだけしかいません。どうか〝仕事〟をやり遂げるために、次のことを大切にしてください。

①相手のことを尊重し、敬意を払うよう努力する、②お互いにやり取りをするときには、事実を礼儀正しい態度で伝えられるよう、言葉を選び、感情に流されないようにする、③相手の人格を否定したり、誹謗中傷《ひぼうちゅうしょう》したり、争ったりするようなコミュニケーションはとらない、④子どもに「どちらの親の味方をするべきか」と忠誠葛藤を抱かせる振る舞いはしない、⑤いつでも自分（親）ではなく子どもを最優先に考える。

これらが理想論であることは重々承知しています。しかし、ことは、あなたが愛する子どもに関わることです。どうにかやりきってほしいのです。

（木附千晶）

5－6

共同養育には「頑張らない」のが大事

最も価値のある子どもへのギフトとは

　離婚しても、子どものことは幸せにしてあげたい。そんな願いがあるから、みなさんはこの本を手に取られたのでしょう。「子どもの権利条約」は、子どもが「その父母の意思に反してその父母から分離されない」ことを求めています（第9条）。子どもは親の愛を受け取って、健やかに成長していきます。しかし、別居・離婚という人生の難局において、親が片時も子どもを忘れずにいることは、子どもにとって必ずしも利益になるとは限りません。皮肉なことに、あなたが子どもを思うほど、そして子どものために頑張り続けるほど、子どもは幸せになれないかもしれません。

　一般的に日本人は世間体を気にする傾向があり、多くの親は、子どもに豊かな生活水準を与え、恥ずかしくない暮らしをさせたいと願っています。離婚を選んだ親は、子どもに「申し訳ない」と考えてしまうようで、離婚家庭のハンディを感じさせないよう「頑張ろう」としがちです。

　欧米諸国では、親の離婚を経験した子どもを追跡調査した、数多くの研究が行われてきました。離婚後の子どもが健全に成長発達するためには、「両親が建設的に話し合える関係でいること」が重要であることが明らかになっています。親同士の対立を目撃したり感じたりすると、子どもの情緒レベルは著しく低下します。子どもは対立的なムードに敏感です。両親が怖い顔をしていたり恐怖を感じていたりすると、子どもは不安定になります。両親の口論に頻繁にさらされる場合、子どもの脳が損傷するという調査結果もあります。（注1）離婚そのものがダメージになるのではなく、両親の言い争いなどの破壊的な衝突が子どもの自己肯定感を低下させます。冷え切った家庭で親同士が対立を続けるくらいなら、離婚して子どもを争いにさらす機会を減らしたほうが、子どもにとっては好ましいのです。

一方、親が子どものために前向きに議論する姿を見せるのは、子どもにとって良い効果があります。両親が離婚後もそれぞれの機能を果たしていれば、子どもの情緒的安定は保たれます。「子どもの権利条約」はその前文で、子どもが「その人格の完全なかつ調和のとれた発達」を遂げるために、「家庭環境の下で幸福、愛情及び理解のある雰囲気の中で成長すべき」と定めています。子どもはただ、目の前のおとなと安心して関係を持っていたいと願っているのです。

「相手のせい」ではすまされない

どれほど話の通じなさそうな相手とでも、協力的な関係を築かなければ、共同養育はなし得ません。相手のせい、ではすまないのです。２０１１年にアメリカで発売された、『離婚後の共同養育と面会交流』という離婚後の子育てのハウツー本が、世界中でベストセラーとなりました。原題は『Joint Custody with a Jerk』で「イヤなヤツとの共同養育」といった意味です。欧米諸国では離婚後も父母が当たり前に協力し合っている、と思われている方もいるかもしれません。しかしどんな国でも、一人ひとりが頭を悩ませながら、親同士の関係を何とか保とうと努力しているのです。

日本人が陥《おちい》りやすい失敗は、子どものために熱心になるあまり、ルールやモラルで相手を説得しようとすることです。たとえば、子育ての専門家の言葉を持ち出して、相手の至らなさを指摘しようとする親がいます。弁護士をつけて、裁判で相手の落ち度を認めさせたがる親も少なくありません。しかし、いくら議論で相手を打ち負かしても、裁判で判決を勝ち取っても、相手が納得して応じない限り、建設的な関係性にはなり得ません。得られる成果はゼロどころかマイナスになる可能性さえあります。わだかまりが残って、お互いのやり取りをより困難にしてしまうからです。

もちろんあなたは、相手方の立場を考慮して、よかれと思って提案していることでしょう。しかし、離婚後に目指す理想の姿は、人それぞれ異なります。価値観が合わないから関係が悪化してきたわけです。血を分けた子どもの親同士なのだから、養育の仕方についてはわかり合えるはずだ、と楽観視しないほうが無難です。相手への期待値が高いと、裏切られたときに「相手には親の資格がない」という思考につながり、対立が深まります。「人としてこうあるべきだ」といったモラルに訴えるような主張も、避けたほうがよさそうです。

まじめな人ほど要注意

さらに事態を難しくするのが、日本という国の特性です。円満な父母にとってさえ、日本は子育てが困難な国です。たとえば公共の交通機関で、これほど幼い子どもや子連れの親に冷たい国はありません。子どもを泣きやますことができない親や、ベビーカーを折りたたまない親は、白眼視されることがあります。子どもは親が責任を持って育てるべきという圧力があります。まして、離婚後の共同養育となると困難を極めます。「離婚したのはあなたの問題なのだから、自分で責任をとりなさい」「みんないろいろがまんしてやってるんだよ」という声が聞こえてきそうです。法律面でもマインド面でも、共同養育を阻《はば》むような罠がたくさん仕掛けられています。

こうした空気のなか、責任感の強い人ほど子どもへの罪悪感に駆られて頑張ってしまいがちです。相手を正そうと行動を起こして、それが良い結果につながらないと、また新たな行動を起こしてしまいます。子どもを片時も忘れてはならないとばかり、子ども思いの自負を持っている親ほど、子どもの本当の願いと向き合う余裕を持てない傾向があるようです。そして、そうした親がかもし出す不穏な空気を子どもは敏感に察知しています。

自分に優しくなる

遠回りに感じられるかもしれませんが、まず自分自身が置かれた状況を受け入れることを目指しましょう。離婚という危機は、自分ひとりの力では乗り越えられません。次から次へと、想像もしない問題に見舞われるものです。気分がすぐれないとき、無理に頑張ることはありません。映画を観るなり、趣味に打ち込むなりして、気を紛らわせましょう。何なら一瞬子どものことを忘れてしまうくらい、何かに没頭してもいいのです。あえて普段行かない場所に行ってみるのも悪くありません。「子どものことを忘れて楽しむなんて、申し訳なくてできない」そう感じるでしょうか？その罪悪感はどこからくるか、見つめなおしてみましょう。純粋に子どもを思う気持ち以外に、「親はこうあるべきだ」という義務感や世間体に縛られてはいないでしょうか。何をしてよいかわからなければ、とりあえず体を動かしてみることです。体から発せられるシグナルを感じられると、行動と思考が一致してきます。まだ小さい子どもを育てる同居親の方は、そんな時間がないと言われるかもしれません。ほんの10分ほど近所を散歩するなどして、頭を空っぽにするだけでもかまいません。すきま時間に手軽にできる、ヨガや体操などもお勧めです。

あっさりと次の人生に踏み出してしまえるような楽観的な人ほど、意外にもスムーズに元パートナーとうまく折り合えるようです。そうした人は、他者に頼るのが上手だったりします。相手から攻撃されても、緩やかに受け止めたり、いったん距離を置いたりして解決する術を知っています。自分の非を認めて、心から謝罪することもできます。みなさんの周囲に、離婚後の共同養育を実践できている人はいないでしょうか。もしいるとしたら観察して、行動パターンを真似してみるのもよいでしょう。自分に優しくなることも立派な親の務めです。意識的に肩の力を抜いて、だれか適切な相談相手を見つけるなど自分に合ったセルフケアのやり方を考えてみてください。（森本京介）

注1：『子どもの脳を傷つける親たち』（友田明美著：NHK出版新書）

コラム

親の心をほぐすには　離婚カウンセラーの役割

こじれる前にカウンセリングに来てもらえたらよいのですが、残念ながら、裁判沙汰になってから駆け込んでこられる方がほとんどです。

そんな依頼者と話していると、背後にいる子どものことが心配になってきます。依頼者についこんな言葉もかけたくなります。「あなたの気持ちはわかる。だけど、いちばんしんどいのは子どもですよ。お子さんのことを考えてみたらどうですか」。こんな言葉がけには、何の効き目もありません。逆に依頼者の他責の感情をかきたてるだけです。依頼者は、相手を信じられないから困っています。「協力し合いましょう」なんて大上段から言われても、自分事としてとらえられないはずです。

カウンセラーの真髄は、「聴く」ことにあります。依頼者の言葉を、そのまま受け止めます。理屈に合わないことを言っていても、そのまま話してもらいます。励ましやアドバイスは、原則として禁句です。前向きな言葉をかけられると、苦しい自分を否定されたように感じ、いっそう落ち込んでしまうからです。「子どもを取り返しに行きたい」といったかなわぬ希望にも、ひたすら耳を傾けていきます。場合によってはカウンセラーが1対1で向き合う形式だけでなく、当事者同士の自助グループも活用します。同じような経験をしてきた方同士、お互いの話に耳を傾けてもらいます。カウンセラーは、グループのなかで序列やマウンティング（自分の優位性を示すような振る舞い）が発生しないよう、ルールに沿って運営します。

カウンセラーは、相手を言い負かす弁論術や、裁判に勝つための法廷テクニックを教えたりしません。

そのような特効薬を求めている依頼者にとって、カウンセリングや自助グループは期待外れでしょう。しかし、子どものいる離婚で傷ついた心にすぐ効く薬なんて、存在するのでしょうか？　共同養育の鍵は、そのような目に見えるかたちでは存在しないと、私は考えています。本当の自分をさらけ出していった先に、問題の根っこが見えてきます。ほとんどの場合、解決の糸口は元パートナーや裁判所ではなく、依頼者自身のなかにあるものです。

回復へのプロセス①　グリーフケア

まずは深い悲しみ（グリーフ）から立ち直るための時間が必要です。子どものいる家族が二つに分断されるのは、どんな人にとっても大きな喪失体験です。そうした深い悲しみを乗り越えるには、それなりに時間がかかります。精神科医のキューブラー・ロスは、大切な人を失った人がその死を乗り越えるときにたどる過程を、五つのステップで示しました。子どものいる離婚も一つの喪失体験ですから、このモデルに当てはめて考えることができます。

依頼者は、良かったころの自分に戻りたいと願うものです。「今、起きていることは悪い夢に違いない」と思い込もうとしたり（a 否認）、自分をひどい目にあわせた相手に腹を立てたり（b 怒り）、打開策をあれこれ考えたりします（c 取引）。しかし、そのような努力はなかなか実を結びません。なんて自分は無力な存在なのか、と落ち込むプロセス（d 抑うつ）を経て、依頼者は初めて自分の置かれた状況を引き受ける（e 受容）ことができます。「抑うつ」に入っている人は、一見危うい状態のように見えて、実は「受容」まであと一歩のところにきています。現実を受けとめることなしに、回復はありません。着実に五つのステップを経ることで、回復に向かうことができます。

喪失感が大きければ大きいほど、回復には時間がかかります。しばらくの間、試行錯誤に時間を費やしてもよいと思います（ただし、面会交流だけは子どものために、苦しくても続けたほうがよいでしょう）。

a）否認	夫	「あいつが出ていくなんて何かの間違いだ」
	妻	「あんな男と結婚していたなんてあり得ない」
b）怒り	夫	「道行く家族は幸せそうなのに、なぜ俺だけが」
	妻	「今さら子どもに会いたいなんて虫がよすぎる」
c）取引	夫	「裁判所が子どもと会わせてくれるのでは」
	妻	「どうやったらあの人と縁を切れるのだろう」
d）抑うつ	夫	「どうやっても子どもに会えない」
	妻	「子どもが不安定でどうにもならない」
e）受容	夫	「正論を言っても子どもに会えないのだ」
	妻	「子どもは私にホンネを言えずにいるのだ」

もうこれ以上落ちることはない状態を、心理学の用語で「底付き」と言います。ここまでの道のりを急かさずに伴走します。

回復へのプロセス②　家族の再生

現状を受け入れられたら、あとは関係修復のためのカウンセリングと似たようなアプローチになっていきます。過去を消化して新たな関係性にシフトするという点では、復縁も離婚も共通しています。他者を変えることはできないのだと諦めがつくと、あとは自分が変わっていくしかありません。そうすると、相手との関係性が変わり、新しい物語が紡がれていきます。そこで、かつてやらなかったような行動パターンを試してみることをお勧めします。

【男性の場合】

結婚生活がうまくいかなくなる事情は百人百様ですが、家族と心を通わせることを軽視しているうちに、妻から見放されてしまう方が多いようです。男性はどちらかというと、主体的に動いて、獲物をしとめることに喜びを感じる生き物です。出世レースを勝ち抜き、武勇伝で名をあげることに夢中になります。気がついたら、家族の気持ちは離れてしまっています。妻や子どもからはサインが出ているのですが、男性は忙しさのあまり、それを見落としてしまいます。そうした男性の再生に必要なのは、損得勘定ではなく、フラットに他者と関係を築ける力です。たとえば、①お年寄りやけがをしている人に席を譲る、②コンビニやレストランの店員の目を見て「ありがとう」と言う、③議論にあえて負けてみる、など。普段やり慣れない人にとっては勇気が必要です。ちょっとした挑戦を続け、小さな成功の体験を積んでいくと、それが子どもや元妻との関係に生きてきます。一度は口もきけないほど対立した元パートナーと、感謝の言葉をかけ合うくらいに修復するのは、不可能ではありません。子どもからは、うちは離婚したけれど、親としては合格点と思ってもらえるかもしれません。

【女性の場合】

女性の場合も人それぞれ事情は異なりますが、どちらかと言うと家族に尽くしてきた結果、心身を疲弊させてしまう方が多いと感じられます。女性は周囲と調和的に生きるのが上手です。その結果、本当に自分がやりたかったことが何だったか、見失ってしまいます。子どもを産むと、自分のための時間はさらに少なくなり、寂しさに夫は向き合ってくれず、何を話しても無駄に思えてきます。そうやって離婚を決意した女性にとって、ここからは自分の人生を生きる決意が必要です。たとえば、①自己都合で休みをとる、②家事代行サービスを利用する、③面会交流中は家事をせず、自分のために時間を費やす、などはどうでしょう。

家事・育児とは大変なものだという先入観に縛られて、あえて自分を忙しくさせていませんか。効率良くほどほどにすませて、仕事や趣味に打ち込む時間をつくれば、新しい自分を発見できるかもしれません。自立した時間を過ごせるようになれば、元夫とは対等な関係性が生まれます。男性は一般的に情に訴えられるより、論理的に説明されたほうがやる気になる人が多いようです。うまく希望を伝えられれば、元夫と育児で協力していけるかもしれません。

子連れ離婚が秘める可能性

共同養育のことを、問題のある親を法律で縛ること（養育費の強制徴収、面会交流の義務化）ととらえている人がいます。それはとんでもない間違いです。共同養育は、不本意ながらするものではなく、困ったときに「ちょっと無理を言ってみようか」と相手に頼り、親の務めを果たしやすくするものです。共同養育を志すなら、どうやって相手に頼るかを考えてみましょう。あなた自身が変化したら、元パートナーとの関係性が変わります。そして、共同養育はうまく回り始めます。

そうすれば、子どもとの関係性も変わります。多様性を認め、相手をまず信頼してみようと考えられるおとなは、子どもから好かれます。子どもは本来、おとなのように周囲の顔色を読んだりしません。社会的地位や役職ではなく、相手の雰囲気やしぐさなどから、信頼に足る相手かどうかを見ています。共同養育に成功すれば、子どもから信頼され、この人が親でよかったと感じてもらえるでしょう。威厳を振りかざして子どもに言うことを聞かせる親と、子どもが自発的に本心を打ち明けたくなるような親、あなたはどちらになりたいでしょうか？

離婚とは、けっして失うばかりでなく、新しい自分を発見するチャンスに満ちています。問題に蓋をして生きている「仮面夫婦」より、自分自身を見つめ直して離婚した人のほうが、残りの人生を活力とともに生きられます。否応なしに問題が表面化して、自己と向き合うことになったみなさんのような存在が、同調圧力に覆われたこの国の古びた家族観を変えていくのかもしれません。

（森本京介）

5－7 虐待やDVがあるケースの面会交流

面会交流は子どもの育ちに良い影響を及ぼすことは多くの研究からも明らかです。しかし、虐待やDVがある場合は面会交流が難しくなることもあります。ここでは、そうしたケースについて考えます。

緩やかな面会交流

英美さん（40代）は、20年ほど前に大学卒業と同時に、夫の地方赴任に同行すべく結婚しました。5年後に東京に戻ると、すぐに自宅を購入。現在16歳と13歳のふたりの子どもの母親です。

外資系の一流会社に勤務する夫は、第一子を妊娠中から複数の女性と交際し、週末以外は「出張」を名目に自宅には戻りませんでした。家事にも子育てにもまったくの無関心で、英美さんは「ワンオペ育児」に追われました。何に対しても夫は「ダメだ！」「違うだろ！」「離婚だ、離婚！」と始終、ダメ出しを繰り返します。子どもを叩く、蹴るなどの暴力もありました。家族で食事に出かけても、「店員の所作がなっていない」と怒鳴り散らすなど、気に入らないことがあると言動に出てしまいます。その都度、英美さんは夫の尻ぬぐいに追われました。

疲弊した英美さんは、上の子が小4、下の子が幼稚園年長のときに、下の子の幼稚園のお迎えに出向いたその足で、ママ友の力を借りて実家へ。祖父母と5人の生活を始めました。そのときの英美さんは、シングルで子どもふたりを育てる勇気もなく、父母の都合で子どもから父親を奪うことになってもいいのかと悩み、夫の様子を見ながら、自宅に戻ることを考えていました。

その後、夫名義の生活費用の通帳は解約されました。夫からは「俺の金は俺の金、実家に戻ったならさっさと稼げ」とメールが届き、やむなくパートを始めます。夫は母子が不在の間、自宅に戻らずマンションを購入してほかの女性との同居をスタートしていました。

1年後、英美さんが婚姻費用請求調停の申し立てをすると、ほぼ同時に夫が離婚調停を申し立ててきました。調停で、夫は親権をちらつかせ「養育費より安上りだから親権が欲しい」「親権をもらって親に育ててもらう」など揺さぶりをかけてきました。英美さんはＤＶに悩まされている人の集まる主婦サイトを毎日のように見て、自分を励まし続けました。下の子からの「ママごめんね、パパの期待するような子どもでないからけんかしてるんでしょ」という言葉も堪《こた》えました。そんなあるとき、ふと「『辛かったのは夫のせい』みたいな思いで生きるのをやめよう」「自分が原因ではなく、夫の問題なんだ」と、離婚を決意したのです。当初は「別れられるならお金はいらない」とも考えましたが、周囲の説得もあり、親権と養育費を強く主張しました。

調停で初めて知った「面会交流」という言葉とそのシステムにも困惑しました。夫の態度が子どもに良い影響を与えるとは考えにくく、夫に会わせたくありません。英美さんは、離婚調停中の女性のサイトや書籍で勉強し、子に発達障害があると「面会交流が子を不安定にする」として制限されると知り、診断書を手に入れようと思いつきます。しかし、病院や自治体の教育センターでテストを受けるも確定診断には至りません。むしろ、診断を得るために、あちこち下の子を連れて歩くことで子どもに負担がかかると、早々に諦めることにしました。

仮に面会交流が必要となれば、第三者機関に任せようと考えていましたが、調停の結果、親権は英美さん、夫は養育費を支払い、面会交流は手紙や電話の間接的なものから開始するという条件に落ち着きました。おそらく、夫の子どもへの暴力に関する主張が影響したのでしょう。

上の子が高校生になった今も、夫は居場所を添えた年賀状やクリスマスカードなどを送ってきます。英美さんに子どもの様子を聞いてくることはありませんが、養育費は欠かさず振り込まれます。家の電話の隣には父親の電話番号を置いています。子どもたちはいつでも父親と関わることができる状態であり、英美さんも子どもの意思に任せています。英美さんは、子どもたちがいつか自分のルーツを知りたくなったときに、子どもが自由にアクセスできる余地を残しておきたいのだと言います。父親はいつか、子どもにとって何かの助けや、逃げ場にもなるかもしれません。そのため、子どもが判断に迷ったときなど、「お父さんに相談する？」と声をかけることもあります。

英美さんは、現在、フルタイムで仕事をし、養育費は子どもの将来のためにすべて貯金しています。暴力的で親権をちらつかせていた夫が毎月欠かさず高額の養育費を送金してくれることに感謝し、子どもの前で父親を悪く言わないよう努めています。

「今は会わせたくないけど、いつか子どもが会いたいのなら会える余地を残しておく」というスタンスは、共同養育の一つのかたちと考えていいのではないでしょうか。暴力があったのにそう考えられるのは、子どもにとって父親もまた唯一の存在であり、子どもたちが成長したときに、今とはまた別の関わりや関係を持てるかもしれないためです。子どもが今後の長い人生で、離れて暮らす親を必要とするときが来るかもしれません。

このケースでは子どもたちは父母の不仲を身をもって体験しており、直接的な暴力を受けていました。「子どもがご飯を食べられなくなった」ことで英美さんは、別居を決意しました。夫に「別居したい」と訴えても、罵倒され、否定され、それを目にした子どもが辛い思いをするとわかっていたからです。そこでやむなく、避難したのです。

子どもには「お父さんに好きな人ができたから暮らせないの」とだけ説明し、「子どもの半分は父親でできている」と父親の悪口は一切言わないようにしているそうです。

（青木智子）

CASE

「連れ去られた」子どもとの関係性を取り戻すまで

「DV加害者」になった日

　ある日仕事から帰ると、自宅にだれもいない。私自身、子どもと離れて暮らした経験を持つ父親です。別居が始まったばかりのころの記憶は、思い出すのも辛いくらいです。何より辛かったのは、子どもと突然会えなくなった喪失感です。部屋にひとりでいると、子どもがふと目の前を横切ったような気がします。それが錯覚であることに気づいては落ち込み、お酒を手に取る毎日の繰り返しでした。ついこの間まで子どもが眠っていた布団からは、まだ子どもの匂いが漂ってきます。夢とうつつの間を、感情が行ったり来たりします。何とか会社に向かいますが、ただ机に向かうことさえできません。涙が止まるまで、トイレでじっとしているしかない有り様でした。

　子どもを失った悲しみに加えて私を苦しめたのが、社会の視線です。私はそれまで、日本はまじめにやっていれば報いられる社会だと信じていました。その日を境に、私は「ＤＶ加害者」として、石ころのごとく扱われるようになります。家族の居場所の手がかりを求めて、初めて役所に行ったときの記憶は今でも鮮明です。窓口のにこやかな女性が、私の記録を見て戻ったときには、表情をこわばらせていました。別の男性職員は、面倒くさそうに、私と一度も視線を合わせませんでした。そして、「申し訳ありませんが、何もお答えできません」と能面のような顔で言うのです。教育委員会でも、児童相談所でも、同じような対応を受けました。ごくわずかな人だけが、私を人間らしく扱い、自分の言葉で話してくれました。私はその人たちの温かみを一生忘れないでしょう。

　喪失感を紛らわすかのように、私は裁判に精力を注ぎ込みました。裁判所なら、親身になって考えてくれるのではないか。子どもに一目会いたいと訴え、親権や監護権を主張しました。自分が同居中にＤＶをしていなかったことも、証明しようとしました。弁護士を立てて、いくつもの調停や訴訟を立ち上げましたが、何の成果も得られませんでした。裁判官は、私が何か話そうとすると制止して、言いたいことは書面で出してくださいと冷たく繰り返すばかりでした。一睡もせずパソコンにかじりつく夜を、何度も過ごしたものです。私と同じような経験をした親たちの、悲痛なブログが無数に見つかりました。親同士による子の奪い合いが社会問題になっていると知り、私は怒りと絶望に支配されました。

苦しかった係争の日々

子どもとは、まったく会えなかった半年間を経て、裁判所のなかで再会しました。いわゆる試行面会です。調査官がメモをとりながら見つめるなか、備え付けのボードゲームやしりとりなどをして、約30分間を過ごしました。分厚い扉を開けて子どもが目に入ったときは、砂漠に一滴の水が落ちたような癒やしを感じました。しかし終了後、このような状況でしか子どもと会えない寂しさと屈辱感から、涙を流しました。

調査官の評価は、可もなく不可もありませんでした。次からは裁判所の外で、月1回3時間の面会交流を行うよううながされました。初めての面会交流は、ファミリーレストランで第三者機関が見守るなかで行われました。後日子どもが私に打ち明けた話によると、その日は大変な緊張をしていたそうです。私も不安とともにその日を迎えました。いざ席に着くや、小学4年の娘と小学2年の息子が、私のこれまでの振る舞いや言動をきつい言葉で非難し始めました。「私のこと殴ったことあるでしょ」など、まったく心当たりのない話も出てきました。私は「殴ったりしてないよね」と一言だけ返して、あとは反論せずにうなずいて話を聞きました。当時の私は、信頼のおけるカウンセラーに相談し、想定問答を頭に入れてから面会交流に臨んでいました。子どもから何を言われても長く反論しないのは、事前に立てた作戦どおりでした。それでも、予期せぬ方向に話題が流れたときには、言葉の選び方や発言のタイミングに苦慮しました。第三者機関が近い距離で見ていることも、大変なストレスでした。どうにか3時間を過ごすと、私は心身ともにクタクタに疲れ果てていました。そうした難しい面会交流を、1年間続けていきました。

係争が過熱するにつれ、面会交流で子どもが私を非難する勢いも強まりました。裁判所で自分のほうが監護者にふさわしいと主張するなら、自分のほうが親として優れていることを証明しなければなりません。自分の長所ばかりをアピールするのは難しいもので、相手の親としての欠点を指摘せざるを得なくなります。子どもは、私が裁判書面で母親を非難していることに、強く抗議しました。一つひとつの抗議に対して、私なりの答えを返していきましたが、言い訳がましく思えてきて、

3時間ずっと子どもの非難に対処するのが難しくなっていきました。

回復への道のり

いくつも継続させていた裁判をすべて取り下げる決断をしたのは、別居から1年ほど経ったころです。弁護士に支払った着手金は戻ってこず、決着はついていないところでした。それでも私は、係争をやめることにしました。決断にあたっては、30人ほどの友人やカウンセラー、当事者の仲間に相談をしました。気がすむまで裁判をやればよい、と言ってくれた人が圧倒的に多かったなか、わずかな人たちだけが、きっぱり裁判をやめるよう勧めました。最終的に、私は少数派の意見を選びました。今となっては、私がこれまでの人生でした、最も良い選択だったと振り返ることができます。

それからも、月1回の面会交流を続けました。裁判をやめた分のエネルギーは、3時間の面会交流に注ぎ込みました。ほんの少しずつ、子どもが私を非難する頻度は減っていきました。子どもと会う場所は毎回変わるのですが、できるだけ下調べをし、子どもを楽しませる仕掛けを準備しました。放っておくと子どもは3時間ずっと私を非難し続けるところ、ふとした拍子に素の表情を見せたり、思わず笑ってしまったりします。そうした瞬間を何回つくれるかが、私にとっての勝負でした。大のおとなが必死になってバカバカしい、と思われるかもしれませんが、子どもは月1回、いろいろな感情を抱えながら会いに来てくれるのです。それに全力で応えるのが、私にとっての使命だと思っていました。この期間の副産物として、私は韓国のガールズグループ事情にずいぶん詳しくなりました。コインを消失させるマジックを会得し、ボウリングで超回転ボールを投げられるようにもなりました。これらを披露して子どもが「えっ？」という顔になったとき、心のなかで「よし！」と拳を握ったものです。

新しい扉が開いた

自身の体調が回復していくのにつれ、さまざまな新しいことにチャレンジしました。面会交流支援団体のスタッフをやってみたのも、その一つです。ほかの家族がどのように振る舞うかを観察していると、ある種のパターンのようなものが見えてきました。自身の子育て観や対人関係のとり方に影響を受けました。面会交流支援の奥深さに魅かれ、アメリカで研修を受け、自ら事業を立ち上げるまでになりました。趣味のランニングでは、係争のストレスから体重を大きく落としたのが幸いして、ぐんぐん速く走れるようになり、海外の山岳レースを、次々と完走するようになりました。「子どもの権利条約」は、裁判で利用してやろうというよこしまな魂胆から学び始めました。それが高じて、国際NGOの一員としてジュネーヴに渡り、日本の子どもを取り巻く問題をプレゼンしました。その過程で、素晴らしい人たちとの出会いに恵まれました。社会人になってから仕事にばかり打ち込んできた私に、新しい扉が次々に開いていったのです。

そして、現在

それから4年間、私は取り決めに従って、月1回の面会交流を続けていきました。現在は、月1回の制約も第三者機関の見守りもなく、元妻とは共同養育を実践しています。子どもはお互いの家を行き来していて、自分の部屋が二つあるような状態です。あれだけ裁判所で攻撃しあったのがうそのように、元妻とは子どものことで何かあれば連絡を取り合っています。

子どもは時折、過去のことを思い出しては私に打ち明けてくれます。とても救われたのは、「1回目の面会交流は緊張したけど、その後はずっと楽しかった」と言われたことです。何を言っても父親がキレないことがわかり、安心したそうです。ショッピングモールで小学生が父親を大声で罵っている姿は、ぱっと見れば異様だったでしょう。しかし、当の子どもからリラックスしていたと聞かされ、私は憑《つ》き物が落ちたように、晴れやかな気持ちになりました。キレそうになった瞬間も幾度かありましたが、どうにか受け止めることができたことを誇りに思います。辛抱できたのは、私が良き友人や家族に恵まれたおかげです。

この先まだ平坦な道のりとは思っていませんが、子どもが成人するまで、最も大切なギフト＝受容的・応答的な関係性だけは失くさずに歩んでいけたらと願っています。そのギフトとは、経済的に安定した暮らしをさせるとか、良い大学に入れるとかではありません。「子どもの権利条約」は、子どもが思いや願いを自由に表明し、おとながありのままを受け止められる環境があれば、子どもは健全に成長発達できるとしています。子どもと共に、それを体現していけたらと願っています。

（森本京介）

6章

新しい家族をつくる

6−1

新しい家族（家庭）の誕生

事例：その1

結婚3年目にして、由美さん（30代）は1歳半の子どもを連れて、母子ふたりでの生活を始めました。その後も父親である中村さんとはメールや電話で連絡をとり、別居中にも、土日は、月1回の宿泊をともなう継続的な面会交流を行いました。

1年後、由美さんの離婚調停申し立てにより、由美さんを親権者とする離婚が成立しました。調停では子どもの養育についての話し合いも行われ、面会交流や養育費、誕生日は父母で一緒に祝う、中村さんの学校行事参加もできるなど細部まで取り決めを記録に残し、口頭ではありますが「子どもの姓」を変えないことを約束しました。由美さん自身も旧姓に戻ることなく、自身の新たな戸籍（中村姓）をつくりました。

離婚後には、取り決め以上の頻度で、ほぼ毎週末8時間程度の面会交流を行いました。父親である中村さんは両親（子どもにとって祖父母）と同居しており、子どもは中村さん宅や遊園地などで週末を楽しみました。また、月1〜2回の宿泊をともなう交流も行われ、中村さんの兄やおじいちゃん、おばあちゃんと一緒に九州まで遠出の旅行を楽しむなど、会社員である中村さんは土日の休みを、ほぼすべて子どもと過ごすことに費やしました。

面会交流は、子どもが父親と触れ合える時間となり、土日に仕事がある由美さんにとっても、仕事で子どもの面倒を見られないことから好都合でもありました。協力関係のもと、メールでやり取りしながら、その都度、面会交流の計画を立てました。（→事例：つづき2へ）

ひとり親家庭の戸籍と姓

ひとり親となり、親権者として子どもと生活していくうえで大切になる戸籍と姓（氏）について確認しておきましょう。まずは戸籍について。離婚して配偶者だった相手の戸籍から抜けた場合、戸籍は、①結婚前の戸籍に戻る（復籍）、②新しく戸籍をつくる、というふたつの方法があります。

ただし、(a)すでに両親が他界していて戻る戸籍がない場合や、(b)子どもがいて、子どもと同じ戸籍に入りたい場合、(c)前回の離婚後に作成した戸籍を除籍していた場合には、新しい戸籍をつくるしかありません。なぜ、(b)子どもがいるときには新しい戸籍をつくらなければならないかというと、「ひとつの戸籍に入ることができるのは2世代まで」と法律で決まっているからです。

また、子どもの戸籍も変更手続きが必要です。変更しないと子どもは元配偶者の戸籍に入ったままになってしまいます。

次に姓（氏）について。離婚後は旧姓に戻る（復氏）ことが原則です。しかし、共に生活する子どもがいる場合、子どもの生活への影響を考えて離婚後も元配偶者姓を子どもと一緒に名乗りたいという人も多いでしょう。そのときには、「婚氏続称」手続きが必要です。そのためには、離婚の日を含めて3カ月以内に、「離婚の際に称していた氏を称する届」を自身の本籍地の市区町村役場に提出します。「離婚の日」とは、協議離婚の場合は離婚届の受理日、裁判離婚の場合は裁判確定日のことです。離婚から数年経ってからでも変更することはできますが、その場合は家庭裁判所に申し立てしなければなりません。年数が経っていると、「なぜ今さら変更する必要があるのか」と、認めてもらえない可能性もあるので注意しましょう。

さらに子どもも姓（氏）の変更届けが必要です。親子の姓が同じでなければ、同じ戸籍には入れません。この手続きは、ひとり親が「婚氏続称」の手続きを行った場合でも必要です。15歳になると子どもが単独で姓の変更申し立てができますが、15歳未満の場合には、親が法定代理人として申し立てを行います。子どもと同じ戸籍、姓にするための手続きをまとめると次のようになります。

① 離婚時に、自分を筆頭者として、新しい戸籍をつくる
　→ 苗字は旧姓でも、結婚時に名乗っていた姓でも、どちらでもかまわない
② 子どもの住所地を管轄する家庭裁判所に子の氏の変更許可の申し立てを行う
③ 家庭裁判所で審査を受け、変更許可を得た場合は「許可審判書」が交付される
④ 「許可審判書」と新しい戸籍に入る書類である「入籍届」を役所に提出する

由美さんは、旧姓に戻らずに新しい戸籍をつくる方法を選びました。子どもが「中村」姓を名乗るのであれば、母親も同じ姓であるほうが、後の学校生活などで煩雑《はんざつ》さを感じることがないと考えたためです。また、父親が姓を同じにすることで「親子の絆」を確認したいと述べたことや、中村姓を使うことで、両親の不和を子どもに感じさせないだろうとも考えました。

姓は家族の証し？

離婚すると、その原因にもよりますが、相手の姓を名乗りたくない、結婚していた事実を消したい、姓が相手やその親族などへの複雑な感情を引き起こすなどのさまざまな理由から、旧姓に戻ることを考える人も少なくありません。子どもがいない場合はとくにこの傾向が強いようです。

さらに、姓とは、社会において身分や役割を示すものであり、旧姓に戻るということは暗に家族関係や婚姻関係で何か変化が生じたことを社会に伝えることにつながります。たとえば職場で、離婚して旧姓に戻ったことで、結婚と間違えられて祝福されたという笑えない話もあります。

仮に、母親が離婚で旧姓に戻っても、前述のような手続きをしなければ子どもの籍は父親にあり、姓は父親と同じです。このため、母親は旧姓、子どもは父親の姓という家族も少なくありません。子どもが友だちから、「どうしてお母さんと名前が違うの？」と聞かれる可能性もあります。授業参観や学校行事などで、子どもと親の姓が一致しない、説明が負担だなどの問題もあるでしょう。

仮に旧姓に戻るのであれば、離婚の時期を入学や転校など子どものイベントに合わせるなど、タイミングを選ぶ工夫も大切です。

婚姻時の姓を名乗り続ける場合、自ら公にしない限り、離婚した事実を周囲に知られることはありません（とくに、個人情報保護の観点から、以前と比較して、よりわかりにくくなっているはずです）。子どももとくに不便を被《こうむ》ることなく、学校生活や暮らしを続けていくことができます。

お金や公的支援（ソーシャルリソース）について

ひとり親家庭では、主に「子どもを育てる環境の確保（別居親との交流を含む）」「収入源・生活費（お金や仕事、教育費）」「住む場所（その地ならではのリソース：資源の提供）」が大切になります。これに加え「あなた自身がどう生きていくか」というあなたの意思も必要です。

「ひとり親家族・家庭」のうち、約80％弱が離婚で生じたものです（厚生労働省　２０１７）。母子世帯数は約65万世帯、父子世帯数は約７万世帯（総務省統計局　２０２１）にのぼります。さらに、母子以外の同居者がいる世帯を含めた全体の母子世帯数は約１２３万世帯、父子世帯数は約19万世帯（厚生労働省　２０１７）です。この数字からも、「ひとり親家庭」は、子どもの保育園・学校・習い事などの送り迎え、食事の世話など、さまざまな場面で子どもをケアできる人が存在しなければ、生活そのものが難しいことがうかがえます。一方で、ほぼ同数の世帯がひとり親家庭のまま頑張っていることもわかります。同居者なしのひとり親家庭である場合、保障のない非正規雇用、ワンオペ育児、子をヤングケアラーにしてしまうリスクなどがあります。国や住んでいる自治体がひとり親をどう支援してくれるのかの情報にも敏感になりましょう（→2章［2－4］参照）。

お金があれば、子どもをシッターさんに預ける、習い事をさせる、自分自身も勉強するなど、子どもだけでなく親である自分の生活にも余裕が生まれます。しかし、困難な場合が多いことでしょう。まずは、自分の貯金と現在の収入、さらには公的支援を確認しながら、新たな生活について考えてみましょう。生活にはお金が不可欠です。たとえば、収入がなくても、いわゆる「非課税世帯」であれば、3～5歳の幼稚園、0～2歳での保育所の無償化が適用され、児童扶養手当（事実婚のパートナーがいると所得要件をクリアしていても受給不可となる）や国民年金の免除や一部減額（受給時に受け取る金額減少）、国民健康保険料の減免なども可能です。

仕事をするうえで、専門技能を身につけたいと望むなら、生活費を援助する高等職業訓練促進給付金を得ることができます。さらに、資格講座を修了すると受講費用の6割が支給される自立支援教育訓練給付金などの制度も活用できます。

このような国の支援以外にも、自治体によっては、子どもの医療費の一部助成だけでなく、親が就職活動や通院などで留守にするときの子どもへの食事提供・家事などの支援員派遣、家賃補助、収入安定のための資格取得支援など独自の支援を提供していることがあります。例として、東京都青梅市は、2021年に都内初の自治体として、ひとり親家庭の悩みや孤立感の解消に努める活動を強化しようと一般社団法人日本シングルマザー支援協会（神奈川県横浜市）と連携協定を締結しました。この協会はこれまでに横浜市や相模原市などとも協定を結び、就業支援セミナーや家庭訪問相談等を実施しているようです。住む場所を決める際に、その自治体が、親や子にやさしい地域であるか、どれだけ応援してくれるのかを調べておきたいものです。

ひとり親の周囲のネットワーク

「子どもをひとりで育てることができるのか」「ひとり親家庭で育つと子どもに何らかの影響があるのではないか」と心配や不安を抱える方も多いはずです。これについて、近年では、①親の離婚に起因する子の心理的な問題の多くは、親が離婚する前の家庭環境が大きく関係すること、②離婚にともなう子の不利益は、親の不在より、離婚した親とその子どもたちに作用する家族の変化から生じたストレスと支援システムの欠如、という考え方が主流になっています。すなわち、別離前の父母間の争い、けんかや子の面前での罵《ば》倒《とう》や言い合い等が、離婚そのものから受ける負のインパクトより強いということです。諸外国では、このような研究成果を受けて、別居や離婚の前段階から家族問題に関わる支援体制の整備がなされ、離婚にともなう子どもへの影響を回避するための試みがなされています。

ところが、日本の離婚の90％以上は司法が介入しない協議離婚であることから、離婚前の子どものケアについて、さほど目が向けられてきませんでした。また、離婚を考える父母の多くは、離婚後の子どもの養育を考える余裕がありません。そのため多くの相談機関や団体等は、諸外国の例を参考に工夫を凝《こ》らし、離婚後の親教育プログラムや面会交流のサポートを行っています。ところが、これらを情報提供し、解決の糸口を示してくれる場はなかなか見当たりません。そうしたなかＣＡＦＩＣなどの民間相談機関では、家族および子どもの発達段階に応じて、弁護士や発達心理学の専門家（臨床心理士、公認心理師）、離婚やひとり親当事者でありながら面会交流支援の資格を有する者などがマネープランやキャリアプランの検討も含め、多角的な問題解決を試みています。このような相談機関の情報や知識を得て、婚姻時に父母や子ども、ライフイベントや家族について考えておく姿勢も必要だと感じます。

兵庫県明石市は、自治体の稀有《けう》な取り組みとして、離婚前の問題を積極的に支援し、２０１４年４月には、家裁調査官経験者等が対応する「子ども養育専門相談」を設置しました。弁護士職員が離婚前の父母に養育費・面会交流、調停申告書などのアドバイスに対応し、１年後には養育費の取り決め率が１割上昇したという報告があります。つまり、行政が離婚前の父母の養育への自覚をうながし、のちの子どものケアの意識を変えた例と言えるでしょう。

また、ふたり親とひとり親と暮らす子どもの違いや比較についての研究は、ほぼ見当たりません。かつては、父親のロールモデル、母親のロールモデル像の重要さや、他者との関係性、社会性の乏《とぼ》しさなどが言われましたが、現代においては、周囲の暖かさや優しくサポートしてくれるおとな（近所の方やママ友など）や友人に恵まれることのほうがより重要だと考えられています。子どももまた、同居親のネットワークや他者との関わり、親が元気で明るく過ごしているか否かを気にしながら、観察し、子ども自身が社会で生活するなかでの知恵を身につけていくのでしょう。

（青木智子）

6−2

親に恋人ができたら

事例：つづき2

離婚時、由美さんは、新たなパートナーの出現や再婚について想像もしていませんでした。ところが、子どもとのひとり親家庭の暮らしに慣れてきたころ、由美さんには、新たなパートナーができました。ほどなく、彼と同居を始め、半年後には結婚を決意しました。

パートナーは、子どもをとてもかわいがり、子どももパートナーと楽しく遊んだり、外出するなど良い関係が築けたと感じています。お兄さん、友だち、親子のいずれでもない立ち位置で、パートナーと子どもの良好な関係が続きました。（→事例：つづき3へ）

子どもにどう伝える？

離婚を経て、ひとり親家庭を続けるなかで、親にパートナーができることがあります。好きな人ができることで、あなた自身の生活も充実することでしょう。一方で、「ひとり親家庭」とはいえども、別の場所では、子どもを思い続けているもうひとりの（別居）親が存在します。子どもにとって同居親と同じくらい、いつまでもいつまでも大切な親であり、愛情の対象であることを忘れてはいけません。

どのような恋愛でもそうですが、パートナーとの関係を築くうえで、周囲の人間関係への気遣いや配慮が求められます。ひとり親家庭においては、もうひとりの親を持つ「子ども」に、「パートナーの存在をどのように伝えるか」、パートナーと子どもが「どのような関係性を目指すのか」を、常に意識することになるでしょう。どの段階で、パートナーの存在を子どもに説明するのかというハードルもあります。人によってタイミングは異なります。たとえば、子どもが「お父さん」「お母さん」が欲しいと言い出したときに伝える方法もあります。

「あなたがよければ結婚しようと思うんだけど」「新しいママ・パパができても大丈夫？」など子どもにＹＥＳ／ＮＯを迫るような発言は望ましくありません。子どもに判断を迫ることは、すなわち責任を持たせることでもあります。再婚後、「あのとき、あなた（子ども）がいいと言ったから再婚したんだよ。何が不満なの」というやり取りはしたくないものです。

パートナーとの再婚や同居を考え始めたら、子どもには「変わらず、子どもを愛していること」、新たに登場したパートナーが「子どもから親を奪うわけでないこと」「パートナーもまた子どもの味方であること」を的確な言葉と態度で示してください。子どもが同居親とパートナーから仲間外れのように感じない工夫が大切です。

子どもと同居親の間で、基本的信頼感が築けていれば、パパやママが好きであるパートナーの存在を受け入れる可能性も高まります。急に再婚の話を伝えるなどせずに、子どもの気持ちや様子を観察しながら、子どものペースに合わせて、時間をかけて段階的に取り組んでください。仮に、子どもがパートナーに対して拒否反応を示したら、

- ●相手のどこが嫌なのか、受け入れられないのか
- ●別居親への裏切りのように感じているのではないか
- ●同居親を取られることを警戒しているのではないか
- ●慣れてきたひとり親家庭の生活が変わることを不安に感じているのか
- ●タイミング（受験を控えているなど）が嫌なのか
- ●単に気分を損ねているのか、拗《す》ねて困らせようとしているのか

など、その原因を探り、問題解決の方法を現実的に考えてみましょう。

もし、生活の変化に不安を感じているようであれば、「引っ越しはしないよ」「離れて暮らしているお母さん（お父さん）とは今までどおり会えるよ」など、パートナーの存在が子どもに及ぼす影響や想定されることについて、できるだけ具体的に説明してあげてください。質問や疑問にもていねいに応じましょう。あらかじめパートナーとの間で、子どもとどう関わるかを相談しておくことが望ましいでしょう。

　これには子どもの性差や年齢も関係しそうです。仮に、あなたが女性で新たなパートナーが男性、

子どもが男児の場合、初期段階では「男同士」「仲間」「友だち」として仲良くなれるかもしれません。一方で、母親により強い愛着を抱く男児にとっては、ママを奪われるような気持ちを強く抱くかもしれません。切り出すタイミングをうかがっているうちに、子どもの事情を知らない周囲のおとなや友だちを通して、子どもの耳にパートナーの存在が伝わる可能性があります。子どもに「自分の知らないところで何かが起こっている」と感じさせないように心がけましょう。

再婚をする

ときに同棲は、再婚前に家庭や家事、子どもとうまくやっていけるのかを見極める期間ともとらえられることもあります。一度、結婚に失敗しているからこそ、由美さんのように「共に生活できるパートナー」なのかを、同棲というかたちで試してみるケースも多くあります。

なお、パートナーと同棲を始めると所得に応じて支給されてきた児童扶養手当は打ち切りになります。一方、別居親からの養育費は子どもが成人するまで継続します。離婚時にとくに約束を文書などに残していない限り、別居親と子どもの面会交流もこれまでどおりの形態で続きます。

たとえば、ある20代のシングルマザーは、何となく居ついてしまったパートナーと同棲をしており、子どももパートナーに懐《なつ》いています。再婚も視野に入れていますが、悩みもあります。

「ずるずると同棲をスタートさせてしまったので、成り行き上、家賃や生活費は私が負担しています。ときどきおみやげなどを買ってきてくれたり、買い物でお金を出してくれることはありますけど。彼と生活費やお金について話をするのには抵抗があります。私も働いているし、負担しても困りはしませんが、再婚してもこのままでいいのかと言われると、少し引っかかります。『他人の子を育てるのに僕の給与を使うのか？』と言われたら、どう答えればいいのでしょうか」

由美さんのケースでは、共働きであったため、家賃は夫、食費は妻というように大まかに折半をして生活していたそうです。夫婦のスタイルはさまざまです。とはいえ、家庭の経済、すなわちお金についてはわずかな価値観の差が問題になりやすいものです。だからこそ、新しいスタートを切るときに「はっきり」させておくべきなのかもしれません。

事例：つづき3

新しいパートナーは、結婚するのであれば「子どもを自分の子どもとして育てたい」という強い意志を持っていました。その熱意に押され、由美さんは養子縁組を行いました。これにより、新しい家族は継父の姓でスタートします。継父は子どもをとてもかわいがり、ふたりで遊びに行くなど、育児だけでなく家事にも積極的に関わってくれました。

ところが、面会交流で子どもから「名前が変わったの！」と知らされた父親は動揺し、「養子縁組させるくらいなら連れて帰る」「話が違う」と憤《いきどお》りました。でも、子どもを想って隔週の面会交流と養育費の支払いは継続してくれました。（→事例：つづき4へ）

改めて親権を考える

親が再婚すると心に決め、今まで不在だったパパ、ママとなる人が急に現れたら、喜ぶ子もいれば、拒否する子もいます。由美さんのケースでは、子どものパートナー（継父）の受け入れは「遊んでくれる男の人」「お母さんの仲良しの人」としてスムーズに始まり、同居に至りました。

一方で、新しい生活が始まり、継父の姓に変わることを伝えると、子どもは泣きながら感情をあらわに激しく抵抗したと言います。由美さんと継父は「名前が変わったことを繰り返し教え、言い聞かせ」ました。同居し、継父を「パパ」と呼び、懐いていた子どもですが、「父親の姓」はとりわけ大切なものだったようです。幼い子どもには継父の決意やおとなの事情など知る由もありません。同時に、継父も子どもの様子に複雑な思いを抱いただろうと想像できます。

再婚時に新たな配偶者と養子縁組を行うと、子どもは新しい親の姓を名乗ることになります。逆に養子縁組を行わないと、子どもだけが別の姓となり、またも「子どもの学校などでの不都合さ」で頭を悩ませることになります。そのために事実婚や再婚を躊躇《ちゅうちょ》する方もいる程です。

「自分の子どもとして育てる」というパートナーの強い決意に押されて、再婚と同時に養子縁組をした由美さんは、子ども共々継父となる夫の姓になりました。現在の民法では、「継親が子どもと養子縁組を行う場合、家庭裁判所も非親権親も関与しないまま法的親子関係は成立する」（民法７９８条ただし書、及び７９７条参照）ため、養子縁組、すなわち「姓が変わる」ことについて、実

表１　親権の内容（いずれも未成年の子どもに対するもの）

監護教育権 （民法820条）	どのように育て、どのような教育を受けさせるかを決める権利（2011年民法改正により、「子の利益のため」という目的が明記された）
居所指定権 （民法821条）	どこに住むか決める権利
懲戒権 （民法822条）	必要な範囲で叱ったり、罰を与えたりする権利
職業許可権 （民法823条）	子どものつく職業に対して許可を与える権利
財産管理権・代表権 （民法824条）	財産を管理したり、財産的な法律行為で子どもを代表する権利
婚姻同意権 （民法737条）	子どもの結婚に対して同意する権利（ただし、2022年法改正により成人年齢・婚姻適齢が18歳になるため、同意制度はなくなる）
縁組同意権 （民法797条・817条の６）	子どもの養子縁組に同意を与える権利

父への意思確認は不要です。さらに、養子縁組という形式をとるため、子どもの「姓」だけなく、法的な「実父」は継父となります。

とはいえ、「子と再婚相手が養子縁組を結んだから」「子の親権が養親になったから」という理由で、子と非監護権者との面会交流を拒否・中断することはできません。継父と養子縁組をしても、子にとって非監護権者は「親」であることに変わりはなく、実父との面会交流をする権利を有しているのです。繰り返しになりますが、面会交流権は子どもの成長発達および福祉のために認められる子どもの権利であって、実父は養育費の支払い義務とともに、面会交流を通して子どもの成長発達を実現する義務を有しており、何人もそれを妨害することはできません。

本章の由美さんのケースでも、母親と継父は「法的な」親権者です。親権者が面会交流に注文をつけるのは、ある意味、自然な流れとも言えます。結果、離婚時の面会交流「取り決め」は、見直ししなければとする考えに至り、後にこの再婚夫婦は面会交流調停の申し立てを行っています。

離婚時「調停で親権を争った」「親権を取りたい」などの話はよく聞きますが改めて、親権が有する権利を見直してみましょう。子どもを引き取り、共に生活し、身の回りの世話をする人を監護権（＝身上監護権）者と言います。一般に、親権と監護権を併せたものが親権です。

監護権は「子供の日々の世話や教育全般を行なう身上監護権」（民法８２０条）であり、親権のうち監護権を分けてその権利を有することもできます（民法７６６条）。親権者を定めて離婚したとしても、親権者が常に子どもの身の回りの世話をする適任者とは限らないため、実質的な子どもの保護を図る必要があるからです。離婚時、未成年者の子どもの親権と監護権を分ける手続きは、子どもの父と母の協議により行うことができますが、協議が不調に終わったとき、または協議ができないときには、家庭裁判所が定めることになります。

（青木智子）

6−3

「だれがパパ（ママ）？」

事例：つづき4

再婚半年で妊娠した由美さんは、仕事や体調の変化からこれまで担ってきた面会交流の引き渡し役を負担に感じるようになってきました。そこで、実父に面会交流の回数を少なくするように申し入れますが、受け入れてもらえません。

子どもは、実父を「T市のパパ」そして継父を「パパ」と自然に呼ぶようになりました。一方、家庭では、妊娠を機に、継父が「しつけが行き届いていない」など子どもについて不満を漏らし、次第に口論や夫婦げんかが増えるようになりました。継父は物に当たり散らし、壊すなど、目に見えて荒れていったのです。

困惑した由美さんは、改めて実父に、面会交流回数を少なくすること、しつけや新しい家庭方針とのズレから、交流時の玩具や菓子の買い与えをやめてほしいなどを伝えました。継父とともに「面会交流」の調停を申し立て、月1回6時間への面会交流回数と時間を短縮。出産までは母親の自宅近所での実施、交流時の菓子や玩具などの購入を控えること、継父と父親がSNSで連絡を取り合うという条件のもとでの面会交流を継続することになりました。

しかし、継父と実父が面会交流の引き渡し時に顔を合わせると、子どものいる前で、実父の挨拶に継父が返事をしない、文句を言うなど、ふたりの父親の関係は少しずつ悪くなっていきました。ついには、子どもが「パパ（継父）がT市のパパ（実父）を叩くかもしれない。危ない」とまで言い出しました。子どもが実父についての話をするのも母親との入浴時間だけとなり、荒れる継父を前に、状況の深刻さを察した由美さんは、ふたり目の子ども（妹）出産後、面会交流のやり取りの役割を継父から交代することにしました。（→事例：つづき5へ）

ふたりのお父さん（お母さん）

本来、子どもにとって継親が実親に代わるものではありません。私たちおとなは、再婚でステップファミリーが生じると「新たな家族」を尊重し、再婚前の家族や親について「過去のこと」「なかったこと」と見なしがちです。しかし、夫婦関係と親子関係はまったくの別物で、先の婚姻によって生じた母子関係は母・継父の夫婦関係より歴史が長く、子どもから見ると離れて暮らす実親が存在します。

子どもにとって継父は、母親の再婚の結果、新たに出現した「おとな」にすぎません。突然「親」として振る舞われても、子どもは困惑するばかりです。継父も同じです。突然、親になり、親としての振る舞いが期待されるのです。子どもを育てた経験がないという人もいるでしょう。「ひとり親家庭」同士の再婚であれば、再婚と同時に、長年生活を共にした実の子どもを前に、連れ子への継親としての振る舞いが求められます。連れ子にもまた実の親が存在するため、子どもに関わる「親」は全部で4人になります。

再婚時には、新たなパートナーとの対立や葛藤を回避したいという気持ちが強く働きがちです。一緒に暮らせば何とかなるというものではありません。再婚時に、「新たな家庭ではどのようなスタンスで子どもと関わるのか」のルールづくり、子どもの性格や特徴、好きなもの・苦手なものをパートナーに伝えるなどの情報提供や話し合いが不可欠です。具体的には、「子育て」は実父（実母）が行い、継親は「サポーター」として関わり、しつけや子育て、指導的な役割は担わない」などのルールを決める、「○○ちゃんは、こういう注意の仕方には反発するからしない（否定的なメッセージは避ける）」「子どもの好きなことに関心を持つ」などが挙げられるでしょう。

子どもは、これまで父親（母親）と築いてきた関係とはまったく別のものとして継父（継母）との関係を新たに築くこと[注1、2]ができます。由美さんの新しい家庭も、当初から子どもは実父を「T市のパパ」、継父を「パパ」と呼び、ふたりの父と異なる良好な関係を築けていました。子どもは単純に「パパがふたりになった！」と感じていたかもしれません。

ところが、母親の妊娠後、子どもと継父の関係、実父と継父の関係は悪化します。面会交流の引き渡しで実父と継父が顔を合わせるようになり、法的に父親である継父は、元夫婦と子どもから疎外感を感じたのかもしれません。嬉々として面会交流に向かう子どもへの腹立たしい思いや、子どものしつけや態度に実父の影を見たのかもしれません。決意のもと新しい家族を持ったことで、何らかの心境の変化もあったはずです。実子の誕生を控えていることも影響しているでしょう。継父には、経済的な「父親」としてだけでなく、生活習慣を身につけさせる、すなわち、しつける役割も期待されます。継父自身も、「親」として、積極的にその役割を引き受けました。継親には、別居親と自分のどちらが「親」としてふさわしいのか、競うような気持ちがあったでしょう。

継父が面会交流の引き渡しを担うという調停の決定により、継父は、子どもを介してしか接点のない、妻の前の夫（子どもの父親）と定期的に会うことになりました。そこでは、面会交流時のぞんざいな態度、子どもの目前での父親への悪口、父親の悪いイメージの植えつけなどが見られるようになりました。また、頻繁《ひんぱん》に父親に会うことが子どもの成長に望ましくない、面会交流で子の環境をかき乱されたくない、新しい環境になじんでほしい、そもそも不仲で離婚した父親に会わせる必要はないとも考えていたようです。

しかし、子どもにとってふたりの父親との関係は、子どもの成長発達を見守るおとなが増えた「幸せなこと」とみることもできます。血のつながりや法的根拠にこだわり、「だれが父親・母親か」を競う必要はありません。堂々と継親として、子どもをサポートすればいいのです。子どもは配偶者が連れてきた子どもであり、継父（継母）であるあなたの子どもではないのですから。

継父の葛藤

厚生労働省の人口動態統計（2016）によると、結婚において、夫婦とも再婚、どちらか一方が再婚の割合は約27％にのぼります。つまり、多くのステップファミリーが誕生しており、新たな「父母」として役割や振る舞いを期待される方の多さがわかります。

２０１９年９月、埼玉県さいたま市で32歳の継父が、小４の男児の継子に「本当の親じゃないくせに」と言われ、カッとなって首を絞めて殺害するという事件が起きました。継父は懲役16年を言い渡されています（朝日新聞　２０２０年10月10日朝刊）。２０１８年には東京都目黒区で、５歳の女児が34歳の継父による虐待で亡くなっています（朝日新聞　２０１８年12月20日朝刊）。公判で継父は「自分のしつけが正しいと強く思いすぎ、うまくいかないいら立ちが暴力に向かっていった」と述べています。「親」であろうと努力する自分を子どもに否定された、連れ子だからこそきちんとしつけなければいけない、継親と言われないようにしなければいけない、という思いが生み出した悲劇とも見ることができます。

由美さんもまた、「私のしつけが行き届いていないから、継父がしつけようと考えてくれている」「しつけの行き届かない子どもを見ると、継父には実の父親の姿が思い出されて、混乱していったのではないか」と語っています。子どものしつけや教育は、どこをゴールとし、何を基準とするかが見えにくく、子どもに欠けている部分に目が行きがちです。子育ては実の親子であっても、親・子とも共に大変なものなのです。

再婚は初婚とは異なり、実親と継親が存在します。継親であるあなたには、「おなかを痛めて産んだ子でないから、しつけがなっていない」「自分の子どもばかりかわいがる」「継母だから子どもも苦労するわね」というような声が、周囲から聞こえてくるかもしれません。一般に、多くの発言は再婚家庭だからこそなされるものですが、血縁がなく法的な親子もいれば、法的な親子とは別に血縁としての親を大切にする人、実子をかわいがれない人などいろいろな人がいることを私たち自身も気づかなくてはなりません。

ステップファミリーの親は、子どもの養育途中から子育てに携わり、何らかの特別な育児教育を受けているわけではありません。初めての子育てで困っていたり考えていたりすることがあれば安心できる人や専門機関に相談してみてはどうでしょうか。子どもとの関わりについて、さらには新しいパートナーとの関係を改めて考える機会にもなるはずです。

（青木智子）

注１：野口康彦　２０１３　親の離婚を経験した子どもの心の発達―思春期年代を中心に―　法と心理　13-1　8-13

注２：野口康彦　２００９　親の離婚を経験した大学生の将来に対する否定的な期待に関する一検討―親の仲の良い群、親の仲の悪い群、親の離婚群との比較から―　中央学術研究所紀要 38-1　152-162

コラム

継母は悪い人？

グリム童話の「ヘンゼルとグレーテル」「白雪姫」「シンデレラ」などのおとぎ話では、継母が実子ばかりを大切にし、幼い主人公の連れ子を蔑《ないがし》ろにするストーリーが多く存在します。なぜ、継母にはこのようなイメージがつきまとうのでしょう。

グリム童話はグリム兄弟が昔話を収集し、まとめたものですが、「読み手」からの批判で、「継母」が登場したとされています。グリム兄弟は意図的に、「悪」は実母ではなく継母の役割として物語で登場させる修正をしました。たとえば、「ヘンゼルとグレーテル」は、飢饉《ききん》で自身の生活を守るべく実母が子どもを捨てるという話でしたが、のちに、子どもを捨てたのは継母に変更されました。

これについて、『首をはねろ！　メルヘンの中の暴力』（みすず書房、１９９８年）、『〈子供〉の発見グリム・メルヘンの世界』（みすず書房、１９８４年）という本で知られるカール・ハインツ・マレは、「無慈悲で、冷酷で、残酷で、意地の悪い母親がいてもらっては困るから、そのような母親は全部、継母にされてしまったのだ。煎じつめれば、（母親という）一つの完璧な地位を、中傷するわけにはいかなかった。まして、声望の高い母親たちの名誉を傷つけるわけにはいかなかったというわけだ」と説明しています。つまり、悪い母親がいては不都合だから、これらを継母に押しつけたというのです。「このようなまったく不当なすり替えの被害者は、現実の（たいていはたいへん優しい）継母たちだったし、現在でもそうだ」といいます。

心理学では、ユングが、人の心には共通の集団的無意識というものがあり、そこには「元型」が存在すると説明しました。「元型」には「グレートマザー」「アニマ」「アニムス」などというものがあり、いずれも肯定的・否定的な二つの面を持ちます。グレートマザーとは「母親像」を示しますが、子どもを優しく、温かく包み込むという肯定的な面と、子どもを束縛し、呑み込むという否定的な面を持ちます。前者の代表として聖母マリアや観音様、後者に子どもを食べてしまうというインド神話のカーリー、鬼子母神などが挙げられるでしょう。

ユング（分析）心理学でもまた、おとぎ話や昔話に登場する継母や魔女には「グレートマザー」の否定的な面が投影されていると考えます。つまり、母親像のネガティブなものを背負うのが継母のキャラ設定なのです。グリム兄弟もまた、物語の理不尽さ・残酷さを緩和する、すなわち、母親にアンビバレントな2面性があることを示すために、実母・継母の役割をうまく使い分けました。

「ヘンゼルとグレーテル」の子捨ては、血のつながらない継母によるものであれば理解できる、という人はまだまだ多いはずです。「白雪姫」もまた、娘の美貌をねたんだ実母が毒りんごで殺してしまうという話でしたが、継母へと書き換えられました。実母が子どもに対して嫉妬心を持つのはおかしく、継母であれば納得できるというように、おとぎ話や昔話は、「母親」が持つ良い・悪いさまざまな面をふたりの母親像を通して私たちに伝えようとしています。

実際に「毒親」である実母から虐待や暴力を受けたという人や、継母から大切に育てられたという人も多く存在します。実母・継母にかかわらず、母親の持つ特徴・性質はさまざまです。

いずれにせよ、おとぎ話や昔話で、実母＝優しくて温かく慈しみ深い、継母＝意地悪で冷たく悪い、というステレオタイプなイメージが広がったことで、今を生きる継母も、悪者という誤った先入観で見られがちなのです。

（青木智子）

事例：つづき5

ある日の面会交流で、子どもが「継父に叩かれることがある」と実父に打ち明けました。悩んだ実父は、いろいろと考えたうえで、児童相談所に相談することにしました。のちに、由美さん宅には相談所職員が訪れ、夫婦は養育について注意を受けました。その後も、由美さん夫妻の間では、口論やけんかが絶えず、警察の介入などが繰り返されました。

そこで、由美さんは、子どもと継父との間に誕生した妹のふたりを連れて、一時的に実家に戻るなどして継父から距離を取ることにしました。さらに、子どもの実父宅での監護や、継父と子どもの養子縁組の解消、親権の実父への変更、実父宅近くの保育機関への転園を考えるようになります。

由美さんは実父と話し合い、子どもはゴールデンウィークを実父宅で過ごすことになりました。翌月には実父が、親権者変更審判申し立てをし、養子縁組解消・苗字変更も行いました。子どもは実父の姓となり実父宅から近所の保育園へ通園を始めました。会社員の実父は子どもの世話が難しいため、日中は、同居する祖父母が面倒をみています。

その年の夏、由美さんは継父と協議離婚し、子どもの妹の親権者となってアパートに移りました。由美さんは離婚後も子どもの継父の姓を名乗り続けています。また、妹の養育については調停を行い、決定事項を公正文書に残しました。

今、継父は由美さん宅の合鍵を持ち、面会交流という枠組みではなく「通い婚」に近いかたちで、自由に行き来しています。由美さんに仕事があるときは、継父が積極的に実子である妹の世話をし、毎週定期的に3人で過ごしています。また、由美さんは小学生になった子どもとも月1、2回交流を継続しており、2歳になった妹が同行することもあります。父親も含めた親子・きょうだい面会交流もたびたび行われており、由美さん宅に、子どもが宿泊することもあります。

ただ残念なことに、継父は面会交流に否定的で、きょうだい交流の事実を知りません。子どもは「妹は自分が守るんだ！」と発言するなど、ふたりはとても仲良しです。

継親の役割

ステップファミリーにおいて、継親はどのような役割を担い、どう振る舞うべきなのでしょうか。

家族社会学者の野沢(注1)はある研究では、①継親は継子の「(新しい）親」とならず、しつけを担当しない。また、②別居親を排除せず、親とは別の存在として子との関係構築を目指す。③同居親とそのパートナー（継親）は、初婚核家族の夫婦のような共同チームとして子育てするのでなく、子どもの同居親と別居親が継続して共同で子どもの養育にあたる努力をする。④継親はそこに補助的に加わり、より大きな共同チーム編成を目指す、などのポイントを挙げています。さらに、この型が、離婚・再婚への子の適応を容易にさせ、親子関係や継親子関係を肯定的に受け入れさせるとも説明しています。つまり、継親は、実親とは異なる立場から子どもとの関係をつくることが望ましく、再婚家族であるとの自覚を持ちながら、家族メンバーのひとりとして補助的に子育てに関わればいいというのです。実際の子育ては同居親、別居親に任せて、継親は第3の親すなわち「サポーター」として子どもを見守るという距離間を意識してください。

そもそも、日本における従来型のステップファミリーの特徴を野沢は、①婚姻関係の存在が優先される、②離婚後に両親の一方の存在と価値化が無視（軽視）される、③継親がその親を代替する、④親権親と継親が対等に共同して子の養育にあたる、⑤ステップファミリーは共通の利益を有するメンバーで構成される世帯集団とみなされる、と説明しています。つまり、継親を中心とした現在の家庭が重視され、離婚後の一方の親が軽視されるのが日本の「昔ながらの」再婚家庭です。これは初婚家族に準じた考えに基づくもので、グローバルな視点から見ると残念にも思えます。

両親の離婚によって「（核）家族」が崩壊したとはみなさず、「核」が2世帯に分離したあとも、子を介してつながる両親とその子からなる「双核家族」という考え方もあります。このタイプの離散家族の子を対象に、20年後に調査を実施した結果、成人した子どもたちの大半が親の離婚や再婚を肯定的に受容し、家族変化に適応していたというのです。近年ではこれらの研究を踏まえ、ステップファミリーの独自性の中核をなす特性を血縁の有無や、同一世帯に属する継親長男関係に限定することなく、別居の継親子の関係の存在も含めてステップファミリーとみなす考え方が主流になりつつあります。とはいえ、これまでの日本の家族のあり方を当たり前と受け止め、ひとり親家庭や再婚家族に対する偏った見方がまだまだ優勢であることは否めません。

事例で紹介した由美さんはアメリカで高校生活を送り、海外における家族観を目の当たりにしていました。たとえば「同じクラスのAちゃんとBちゃんが遠い親戚」「月の半分はパパの家、もう半分はママの家」という家庭環境に衝撃を受けたそうです。こうした経験からすべての家族メンバーが子どもと関わることを望んでいます。

子どもがパートナーに対して、気兼ねや負担を感じることなく実父との面会交流ができるようにするためにも、パートナーの理解や協力が必要です。さらには、同居親である父母や子どもの祖父母、周囲から、理想的な親としての振る舞いが過剰に期待される継親のプレッシャーについても想像をめぐらせてください。そのうえで、「子ども」を中心とし、パートナーと別居親の「親」役割について整理しておかないと、みなが幸せになる家族の実現は難しいのかもしれません。

（青木智子）

注1：『ステップファミリーのきほんをまなぶ』（野沢慎司、緒倉珠巳、菊地真理著：金剛出版）

巻末

子どもと離婚について話すときのコツ

「離婚の話をする＝子どもの心の傷になる」わけではありません。むしろ、子どもにきちんと言葉で伝え、話し合うことが「心の傷」になることを防いでくれます。

① 子どもの年齢に合った伝え方がある

就学前～小学校低学年くらいまでの子どもの場合は、「ママとパパは別のおうちで暮らすことになるよ。でも、ママ（パパ）は○○ちゃんとこれからも一緒に暮らすし、心配しなくていいよ」「お休みの日にはパパ（ママ）と遊びに行くこともできるよ」というように「離婚」という単語だけでなく、新生活のイメージについて具体的に説明をしてあげましょう。

小学校高学年から10代半ばにかけての時期は最も多感な思春期です。あまり親と話をしたがらなかったり、反応が薄くて会話として成り立ちにくかったり（たとえば「へー、そうなんだ、ふーん」とだけ言って、その場からいなくなってしまうなど）ということも多々あります。そのような場合は次項を参考にしてみてください。

② 子どもの反応がイマイチでも、伝えることが大事

子どもは「聞いていないようでも実はちゃんと聞いている」ことがよくあります。「家がこん

な大変なときなのにうちの子は何を考えているんだろう」と思うようなとき、本当は子どもなりに考えているのだけれど、何と言っていいかわからない、または本音が言いにくい、という状態であったりします。

「聞いてるならちゃんと返事しなさい」とたしなめてギスギスした雰囲気になってしまうよりも、時間を置きながら、何回かに分けて話を進めていくことをお勧めします。「この間の話だけど、何か心配なこととか、気になってることとかある？」という感じで穏やかなトーンで話しかけるようにすると、子どもの反応が引き出しやすくなります。

③　可能な範囲で大まかな見通しを伝えてあげる

離婚によって片方の親と一緒に暮らせなくなるという以外にも、引っ越し・転校、友だちやペットと離れる、習い事をやめなければいけないなど、さまざまな生活の変化が起こる場合があります。親もすでに十分すぎるほど悩みぬいたうえでの決断かと思いますので、それゆえに子どもに伝えるのが心苦しいこととお察しします。

ですが、あいまいにしておくよりも、子どもの年齢に応じ、理解できる範囲で、大まかな見通しは伝えておくことをお勧めします。小学生であれば「次の学年になるところから学校は変わることになるけれど、きっとまた新しいお友だちができるよ。お休みの日には今までのお友だちとも遊べるときがあるといいね」とか、中学生の場合は「高校はできれば公立だといいなーとは思うけど、これから考えていこう」などといった感じです。伝え方のコツは次項をご参照ください。

④　シビアな内容であっても温かな雰囲気で伝える

離婚にともなう話では、どうしてもシビアな内容が多くなりがちです。それを深刻な雰囲気で話してしまうと、ますます「これから私の人生は何やら大変な方向に向かっていきそうだ」という印象を子どもに与えてしまいます。

心理学の研究で、「人と人とのコミュニケーションは、言葉の内容そのものよりも声のトーンや表情など、非言語のメッセージのほうがより強く相手に印象づけられる」ということがわかっています。別居や離婚などといった内容の話であっても、伝えるときには（無理のない範囲でよいので）「ふだんのおしゃべりの延長線のような」雰囲気を心がけていただくとよいでしょう。

⑤ 離婚の話をタブーにしない、質問を受け入れる雰囲気をつくっておく

悲壮感ただよう感じではなく、ふだんどおりに話せるという親子関係が、子どもの心の健康を保つうえで重要です。たとえば「パパの話をするとママは機嫌が悪くなるみたいだ」と子どもが気づくと、その話を無意識のうちに避けるようになりますし、それが離婚後も家庭内の「闇」（＝触れにくいテーマ）として影を落としてしまうことになりかねません。子どもが気になったことはふつうに両親に聞ける、という関係を目指すとよいでしょう。

別居や離婚は悪いことではありません。そうすることで親の気持ちが穏やかになり、子どもと安定して関われるのであれば、むしろ子どもにとって良い環境になるとも言えます。今は子どもが寂しい気持ちを感じているとしても、いずれ成長して「日々いがみ合う両親を目の当たりにするよりもずっと良かった」と言ってくれる日が来ると信じ、今この時期を乗り越えましょう。（梶原真弓）

巻末

子どものこんな質問にどう答える？

Q1：離婚って何？　どうしてパパとママは別々に暮らさないといけないの？

たとえどんなに小さな子どもであっても、家族の変化、生活の変化について、誠意を持って、できるだけ子どもにわかるように説明をしてあげましょう。たとえば、「ママとパパは別々のおうちで暮らすことになったの。あなたはママ（パパ）と一緒に○○のおうちで暮らしていくことになるわ。パパ（ママ）は違うおうちで暮らすけれど、あなたはいつでもパパ（ママ）と会うことができるのよ」というように。

学齢期に入るくらいの子どもであれば、「別々に暮らさなければならなくなった理由」も説明してあげましょう。たとえばこんなふうに。

「パパとママはどうしても意見が合わないことがあって、いつもけんかになってしまうんだ。けんかをするのはパパとママにとっても、あなた（子ども）にとっても良くないから、別々に暮らすことにしたんだ。これはおとなの問題で、あなた（子ども）の問題ではないんだよ」

「意見が合わないこと」の理由まで詳細に話す必要はありません。たとえば、お金の使い方であるとか、働き方の問題であるとか、どちらかに恋人ができたとか、愛情が冷めたとか、さまざまな

「おとなの問題」があったとしても、それは後々、ゆっくりと、子どもが理解できるように話してあげればよいことです。

ただし、子どもが明らかにわかっている理由、たとえば、両親のどちらかに暴力や依存症の問題などがあって、子どもが辛い目に遭っていたり、家族がずっと困っていたというようなときには、その理由をはっきり告げてあげるほうが良いでしょう。

「ママはお酒を飲みすぎると暴れて、たくさんお金を使ってしまうよね。家族に暴力を振るうこともあった。そういう環境だとみんながビクビクして暮らさないといけない。だから、パパはママと離れて、あなた（子ども）とふたりで暮らしていくほうがいいと決断したんだ」などです。

また、離婚は夫婦にとっても、子どもにとっても、とてもエネルギーがいる大変なことです。しかし、それは人生の一つの選択であって、けっして特別なことであったり、恥ずべきことではないということもきちんと伝えてあげましょう。破壊的な結婚生活を続けるほうが、長い目で見れば家族みんなを不幸にします。離婚家庭の子どもは、けっして「かわいそうな子ども」ではないのです。

Q2：どうして自分はママ（パパ）と暮らすの？ 別に暮らすパパ（ママ）はどうなるの？

子どもの目にも明らかな問題が親のどちらかにある場合は別ですが、子どもからしたら「どうしてパパ（ママ）でなくママ（パパ）と暮らすのか」わかりません。子どもがどちらかの親と暮らすにせよ、それは子どもにとっていちばん良い生活はどういうものかを父親と母親で話し合った結果なのだ、ということを伝えましょう。こんな伝え方はどうでしょうか。

「ママよりパパのほうが仕事が終わるのが遅くて、休みも取りにくいでしょう？　それだと毎日あなた（子ども）のご飯をつくったり、学校の準備を一緒にしたりすることが難しくなるわ。だから、パパとママは、あなた（子ども）はいつもはママと暮らして、パパが休みを取れたときにはパパのところで過ごすほうがいいと考えたの。パパにはいつでも電話やＬＩＮＥで連絡できるわ。パパはここから車で30分のところにマンションを借りたの。今度一緒に見に行きましょうね」

日常的に会えないもうひとりの親が、どこでどんなふうに暮らしていくのか、子どもはとても気になります。幼い子どもであれば、その家にはちゃんと冷暖房設備があって、料理ができるキッチンがあり、ふかふかのベッドがあって、安らかに眠ることができるのかどうか、その親が困らずに暮らしていけるのかなどと、現実的なことが気になります。そんな子どもの心配はできる限り取り除いてあげましょう。できることなら、別居親の新しい住まいを見せてあげて、親の心配をしなくてよいのだと安心させてあげてください。

家族と別れ、ひとりで暮らすことになった親を子どもが心配するのは当然のことです。子どもはひとりになる親が寂しかったり、辛かったりするのではないかと、気になって仕方がないのです。別居親は、「別れて暮らすことはもちろん寂しい」と伝えたうえで、「だけど、毎週会えるし、毎晩電話するからね」などと、寂しい気持ちを慰める術を子どもに伝えましょう。

別居親の暮らす場所を具体的に知ることができれば、子どもは親は消えていなくなるわけではなく、「いつでも会える」という言葉を信じることができます。

Q3：これから自分はどうなるの？

子どもは、親の離婚によって自分の生活がどんなふうに変わるのかとても気になります。とくに学齢期くらいになった子どもには気になることがたくさんあります。自分はどこで暮らすのか、同じ学校には通えるのか、友だちとは会えるのか、習い事は続けられるのか、おじいちゃん、おばあちゃんとは会えるのか、かわいがっているペットは連れて行けるのか……とにかく心配だらけです。子どもが何でも自由に尋ねることができるような雰囲気をつくり、子どもの質問には誠実に答えてあげてください。今、すぐには答えられない質問があったときには、「本当だね、それも気になるね。ママ（パパ）とちゃんと話し合うから、少しだけ時間をくれる？」と答えるなどして、子どもの疑問と真摯《しんし》に向き合う用意があることを伝えてください。

できることなら、子どもが今までと同じ環境で暮らせるようにしてあげましょう。同じ家に住み、同じ学校に通い、今までと同じように生活できるようにしてあげるのです。環境の変化が少なければ、子どもの精神状態も不安定になりにくく、適応の問題も起きにくくなります。

別々に暮らすことになる親とは、どのようなスケジュールで、どんな方法で会えるのか。日頃はどうやって連絡をとれるのかなど、面会交流の内容や連絡手段についてもできるだけ具体的に教えてあげましょう。そのうえで、「これはパパとママが考えた内容だけど、あなたはどうしたい？」と尋ねてあげてください。そして可能な限り、子どもの希望を聞いて、取り入れてあげてください。

難しい場合には、その理由をちゃんと説明してあげましょう。

子どもたちは、習い事や勉強、部活などに、とても忙しいものです。離婚や面会交流が子どものスケジュールをさらに忙しくしてしまうこともあります。可視化できるカレンダーや共有アプリを使って、子どもが自分の生活を見通して計画を立てられるようにしてあげましょう。両親の家を行き来するためのバッグや持ち物リストなどが役立つこともあります。休日には、大事な何かの模擬試験や部活動の試合などがあることもあります。「面会交流の日だから」と、こうした大切な活動が妨げられることがないよう、両親もずっと協力していくことをちゃんと伝えてあげましょう。

何よりも大事なことは、「パパもママも、あなた（子ども）の親であることには何も変わりがなく、あなた（子ども）のことを何よりも大切に思っているし、ずっと世話をしていく」ことをしっかりと強調することです。

Q4：会いたくないパパ・ママとどうして会わないといけないの？

子どもが別居親との面会交流を拒《こば》むことがあります。「ママ（パパ）は、パパ（ママ）と会ってほしいの？」と、同居親の意思を確かめようとすることもあります。別居親に会うことで、子どもが虐待されたり、犯罪に巻き込まれるなど、明らかな危険が及ぶことがない限り、「あなた（子ども）には父親も母親も必要で、両親が離婚したからといって親子の関係性が切れることは良くない」と、はっきりと告げましょう。

これも、すでに何度も述べたことですが、子どもの権利条約は前文で、「子どもが尊厳および調和のとれた人格を備えた人間へと成長発達するには、（実）父母による幸福、愛情及び理解のある環境の保障が不可欠である」としています。

もちろん、子どもが拒否しているのに、引きずって行って無理に会わせるというわけにはいきません。子どもの「嫌だ」という気持ちも尊重してあげましょう。しかし、同居親としては、「別居親と会ってほしいと思っている」「別居親と会うことはあなた（子ども）にとって必要なことである」という意思を示すことは大切です。そのうえで、なぜ子どもが「会いたくない」と言っているのか、言語化できない気持ちを含めて表現できるように援助しましょう。

子どもが別居親と会うことを嫌がるときには、①同居親もしくは同居親の親族など近しい人が、別居親と会うことを（心の底では）望んでいない、②別居親に何らかの問題がある、③面会交流をすることで何らかの不都合があることがほとんどです。

③の例では、面会交流のために友だちと遊ぶ時間が取れない、大好きな部活動ができない、というような理由を挙げる子どもがいました。

②の例では、面会交流の場である別居親の家に恋人がいる、別居親やその親族・友人が同居親の悪口を言う、別居親が約束を守らない、などがありました。別居親も人間ですから、恋人ができたり、離婚時に約束したときとは違う生活環境になっていたりすることもあるでしょう。そうしたときには、子どもの立場・ニーズを大事にしながら、今後どうしたらいいかをもう一度、同居親と話し合いましょう。子どもがいるところでもうひとりの親の悪口は絶対に言ってはいけません。たと

えそれが真実だとしても。悪口を言う親族等がいたら「そういうことは子どもにとって良くないことだから、やめてほしい。できないのであれば、子どもとは会ってほしくない」と、毅然《きぜん》と告げましょう。

最も対処が難しいのは①です。子どもはいつも世話をしてくれている同居親への忠誠心から、同居親の思いや願いをくみ取り、期待どおり振る舞おうとします。意識的なこともあれば、無意識的なこともあります。表面上は「パパ（ママ）に会ってきてもいいんだよ」と言うものの、その目が悲しみや怒りに満ちていることを子どもはけっして見過ごしません。また、面会交流に行く日は同居親がいつもよりイライラ、ソワソワしていたり、小さなため息をついたりすることに子どもは気づいています。同居親が、離婚に関する書類を眺めたり、親友に元配偶者のことを話しては涙していることも、わかっています。

同居親が、別居親を憎たらしく思い、縁を切りたいと思うことは自由です。しかし、親子の縁は切れません。同居親の感情が子どもに悪影響を与えるのであれば、同居親自身が抱えている思いをどうにかしなければなりません。もしかしたら、同居親自身がケアされ、癒やされる必要があるかもしれません（［5－6］193ページ参照）。

子どもの拒否意思を「子どもの意見表明」と安易にとらえるのはとても危険なことです。「子どもが決めたことだ」として、子どもの半身である片方の親を捨てさせ、子どもから一生、親を奪うことにもなり得ます。しかもそれを子どもが自らが選択したことにするわけですから、子どもに取り返しがつかない罪悪感を植えつけることにもなってしまいます。

もし、子どもが拒否意思を示し、その対応に困ったら、ひとりで頑張らずにカウンセラーなど専門家の力を借りましょう。そのときには、子どもの拒否意思をただ共感的・受容的に受け止めるだけでなく、①客観的な事実をもとに面会交流を行うことの危険性やデメリットを捉えようとしている（どちらかの親からの一方的な意見だけで判断しない）、②子どもの成長・発達には両方の親との関わりが不可欠だと認識している、③できる限り片親不在による悪影響を取り除き、共同養育ができるように支援している、といった専門家を選びましょう。

Q5：パパ・ママとも、またいつか一緒に暮らせるの？

いったん別居しても、もう一度同居を始めることは、もちろんあり得ます。どちらかの親が依存症や病気の治療を行い、また戻ってくるというようなこともあります。治療や問題の整理のために、片方の親が別のところで暮らすことになったのだとしたら、そのことをきちんと子どもに伝える必要があります。

しかし、別居と同居を繰り返すこと、同居の可能性は限りなく低いのに子どもに淡い期待を与えることはやめましょう。別居と同居を繰り返すと、子どもは、両親の関係がいつも気になって自分の生活を楽しむことができなくなります。不安ばかりが大きくなり、おとなを信頼できなくなってしまいます。子どもは、父親と母親がまた一緒に暮らしてくれることを願うものです。もし、子どもが期待を持っているようだったら、次のように告げましょう。

「パパとママは、もう一緒に暮らすことはできないの。家族で過ごす楽しい時間をあなた（子ども）から奪ってしまうことは、本当に申し訳ないと思っているわ。だけど、パパとママは一緒にいるとけんかばかりしてしまうから、別のところで暮らすことに決めたの。本当にごめんなさい」

もう家族で暮らせない現実を受け入れることは、子どもにとってとても辛いことです。しかし、両方の親と良い関係が維持でき、適切なケアがあれば、子どもはちゃんと立ち直ることができます。一方、淡い期待が残っていると、子どもは両親をつなぎ止める〝かすがい〟になれると思い、親の間を取り持つことに懸命になって、子ども自身の生活を送ることができなくなってしまいます。いつまでも「ひとりになってしまった親（別居親）がかわいそう」という思いから抜け出せず、別居親のために自分の時間やエネルギーのほとんどを注ぐということにもなってしまいます。「自分が問題（病気）を抱えていたら、両親は心配してまた一緒に暮らそうとしてくれるかもしれない」という気持ちから、体調不良や不適応を起こす子どももいます。

Q6：再婚って何？　新しい家族ができるってどういうこと？

離婚後、両親それぞれ、もしくはいずれか一方に新しいパートナーができることがあります。それは自然なことだし、とても喜ばしいことです。離婚で沈んでいた心を明るくし、愛し、愛されながら新しい人生を生きていくという希望を与えてくれます。

しかし子どもにとってはどうでしょう。親の再婚は、「両親が仲直りし、また一緒に暮らす」という子どもの淡い望みを打ち砕きます。子どもの気持ちや混乱を理解し、ゆっくりと、①「前の結婚は終わった」と子どもにわかってもらい、②子どもが親の離婚の衝撃《しょうげき》から立ち直れるよう努力し、子どもが変わらず両親との絆を感じられるようにしてあげましょう。③新しいパートナーを紹介する前に、子どもが新しい家族や生活の可能性についてどう感じているかを尋ねてみましょう。「たとえ新しい家族ができても、あなた（子ども）の居場所が奪われるわけではない」と、しっかり伝えることが大切です。④子どものペースに合わせて、パートナーを紹介しましょう。すぐに子どもが住む家にパートナーを呼んだり、子どもとパートナーが鉢合わせになるようなことは避けましょう。元配偶者にパートナーのことをあらかじめ伝えておけると理想的です。⑤子どもが一緒に遊べる場所でパートナーを紹介しましょう。子どもの前でのパートナーとのスキンシップや「パートナーはいい人だ」と押しつけるようなことは止めましょう。もちろん、パートナーが子どもの同居人にふさわしい人かどうかのチェックも忘れずに。「親になろう」とへんに頑張りすぎていたら要注意です。

（木附千晶）

巻末用語解説

【子どもの権利条約】

子どもにとって最も大切なことは、一人ひとりの子どもが「世界でたったひとつだけの宝」として大切にされながら、どのようにしたら「自分らしく生き、思いやりのあるおとなへ」と大きくなれるかということ。子どもの権利条約は、こうした子どもの尊厳、成長および発達を保障するため、１９８９年11月10日に国連総会で採択されたもの。日本も１９９４年に批准しており、条約によって子どもには「自分の思いや願いを自由に出しながら大きくなる（成長する）権利」（子どもの権利条約6条、12条）があり、子どもと関わるおとなには、「その思いや願いと真剣に向き合う義務がある」ということが明確にされている。

「子どもだから」と半人前扱いされたり、おとなの都合に合わせたりされない権利を保障されている。この条約によって、子どもは、「愛されながら大きくなる」ことを子どもの力で実現できるようになった。現在１９６の国と地域が批准しており、していないのはアメリカのみ。〔１２０、１２３、81、１３８頁など〕

【意見表明権（子どもの権利条約第12条）】

子どもが思いや願いを自由に出し、身近なおとなに受け止め、応答してもらうことで、子ども自身がおとなとの関係をつくる権利。子どもの権利条約のなかで最も重要で成長発達に欠かせない。すべての子どもの権利のなかで唯一、子どもが行使できる。〔１２４、１３１、１５６頁など〕

【国連「子どもの権利委員会」】

子どもの権利条約を批准した各国（地域）において、子どもの権利（条約）が保障されているかどうか、批准国の子どもと子どもをめぐる状況を審査する機関。スイスのジュネーブにある。条約を批准した国は、子どもの権利条約に基づく審査を原則として5年に一度受けることになっている。審査後は、それぞれの国に対し、改善すべき点を示した『総括所見（懸念と勧告）』が出される。日本は過去4回審査を受けており（4回目は第4回・5回の合同審査）、計4回の『総括所見（懸念と勧告）』を受けている。〔１２３、１２８、１３７、１６８頁など〕

【親権／監護権】

子どもの利益のために、子どもを監護、教育する権利であり、義務のこと。身上監護権という権利と財産管理権という権利に分けられる。父母の婚姻中は父母の双方が親権者とされており、父母が共同して行使するが、離婚する場合にはどちらか一方が親権者となる。監護権とは、親権の一部である実際に子どもを養育し、教育する権利のことを指す。これらは親が子どもを支配管理するためではなく、子どもの生存や尊厳および成長発達権を実現するための配慮と考えられている。〔62、65、１３９、２２５、１３５頁など〕

【共同養育／共同親権】

父母両方が離婚後も引き続き一緒に子どもを育てていくことが「共同養育」であり、子どもへの親権を持ち続けることが「共同親権」である。世界的には共同親権を認めている国が多く、①裁判所の判断等がない限り原則として共同親権とする国、②父母の協議により単独親権とすることもできるとする国などがある。〔１３９、１４３、１６８、１７４頁など〕

【単独親権】

両親の離婚によって、子どもを育てる権利や義務をどちらか一方の親だけが持つことになる制度。日本は単独親権の国である。そのため、同居する親（同居親）のみが子どもを養育することになるケースもあり、親権を持たず、同居していない親（別居親）と子どもが会えなくなったりすることも多い。離婚に際して親権を争って父母が熾烈な戦いを繰り広げる大きな要因となっている。［１４１、１６８頁など］

【面会交流】

離婚後も、別居親と子どもとの関係性を維持するために行われる。具体的には、子どもと定期的・継続的に会って話をしたり、遊んだりする直接交流と、電話や手紙などで交流する間接交流がある。子どもが調和の取れた人格へと発達するためには可能な限り実父母からの愛情を受けるべきであることから、面会交流が一緒に暮らしていない別居親と子どもとの人間関係づくりに欠かせない機会であるといえる。［１４９、67頁など］

【DV（ドメスティックバイオレンス）】

広義には家庭内や内縁関係などの間で起こる暴力、支配のこと。狭義には配偶者や元配偶者、パートナーや恋人間など、DV防止法が対象とするものを指す。①直接的な暴力である身体的暴力、②暴言などで心を傷つける心理的（精神的）暴力（いわゆるモラルハラスメントなど）、③生活費を渡さないなどの経済的暴力、④望まない性行為を強要する性的暴力、⑤他者との関係を分断する社会的暴力に分けられる。［32、40、２０３、72頁など］

【DV防止法】

配偶者などからの暴力の防止と被害者の保護を目的にしたもので、正式名称は「配偶者からの暴力の防止及び被害者の保護等に関する法律」。中核となる支援施設は、配偶者からの暴力相談支援センターや婦人相談所。被害者の申し立てにより裁判所は、加害者に6カ月間の接近禁止命令や2カ月間の住居からの退去命令を出すことができ、命令に違反した場合は懲役または罰金に処せられる。［１１６、91頁など］

【面前DV】

子どもの目の前で、同居のおとながその配偶者や家族などに行う暴力・支配。児童虐待防止法では、心理的虐待に分類され、近年の児童相談所虐待対応件数を押し上げている。単なる夫婦げんかや口論との線引きが難しい。また、近年の心理学の研究では、両親の間にある葛藤の「有無」よりも「質」が、子どもへの影響を左右することも明らかになった。父母の争いが問題解決を目標とする建設的なものなのか、そうではない破壊的なものなのかが重要というのである。さらには、子どもの受け止めや、性差などの個人的要因の考慮などが必要ともいわれている。［２０３頁など］

【児童虐待】

親などの保護者や養育者による子どもの成長発達を阻害する暴力や子どもを支配・管理する行為。①直接的な暴力である身体的虐待、②養育を怠る（放棄する）ネグレクト、③心を傷つける心理的虐待、④性的虐待に分類される。児童相談所虐待対応件数は右肩上がりで、２０２２年度の全体数は20万７６５９件となった。［２０３頁など］

【虚偽DV】

実際にはDVなど存在しなかったにもかかわらず、被害者を装ってDV防止法上の支援を受けたり、申し立てを行うこと。もうひとりの親（配偶者）の同意なく子どもを連れて家を出たいと考える人に悪用されることがあり、問題となっている。［１１６、44、92頁など］

【子の連れ去り】

別居や離婚に際して、一方の親がもうひとりの親（配偶者）の許可なく子どもを連れて出て行くこと。裁判所が親権者を決める際、「母性優先」と合わせて、現在暮らしている場所で子どもが安定して問題なく暮らしている場合はそれを継続したほうが子の福祉にかなうという「継続性の原則」という考え方があり、親権（子ども）を取りたい一方の親が断行する事案が増えている。本当にＤＶや虐待があった際の「避難」とは違う概念である。［１０４、１１６、２０７頁など］

【片親疎外：PA/Parental Alienation】

離婚などによって片方の親のみに育てられることになった子どもが、同居親の意向を必要以上にくみ取って、同居親に同化し、同居親が持っている別居親への敵意や嫌悪感をまるで自分のもののように強く持つようになり、別居親を頑なに拒否することがある。これによって生じる、子どもの不安や抑うつなど、一連の精神的症状のこと。もともとは１９８０年代初めにアメリカの精神科医リチャード・Ａ・ガードナーによって提唱された概念で、医学的にも心理学的にもさまざまな議論がなされてきた。［１６２、１６８頁など］

【ステップ・ファミリー】

子どもがいる親の再婚や事実婚によって血縁のない親子関係や兄弟姉妹関係を含んだ家族のこと。ステップは英語で「継（まま）」の意。ステップ・マザー（継母）やステップ・ファザー（継父）という言い方もある。近年は継父による児童虐待事件などが大きく報道され、話題になっている。［１７４、２１２、２２８、２３６頁など］

【利益説的権利】

自らの意思や力では実現できないが、ある利益を享受する資格を持っている場合の権利。たとえば子どもは「学習権」を持っているが、自らの意思でその内容や教師を選択したりはできない。子どもに代わり、親等の身近なおとなや社会（国）が、具体的な目的や内容、方法等を決めて、その権利を実現・保障することになる。その結果、子どもはおとなが定めたことに服従するしかなくなる。そのため多くの場合、おとなに子どもを支配する権限を付与することになる。これに対して自らの意思で実現する権利を「意思説的権利」という。［１２１、１３０頁など］

【愛着（アタッチメント）理論】

乳幼児が、養育者（親など）に対して泣いたり甘えたり、近づいたりする（愛着行動）によって自身の安心や安全を求めようとし、養育者がそれを受容・応答することで、両者の間に緊密な絆が築かれていくとした心理学の理論。イギリスの児童精神家医Ｊ・ボウルビィが提唱した。子どものニーズに敏感な養育者であると安定的な愛着が形成され、子どもはその養育者を安全基地としながら、本来持って生まれたさまざまな能力を開花しやすくなり、その後の人格形成や対人関係等に大きな影響を与えるとされる。近年は、乳幼児期だけでなく、生涯にわたって、安心・安全を与えてくれる他者との関係が安定した心身の状態を維持することに不可欠だといわれている。国連「子どもの権利委員会」の一般討論（２００５年）で、12条「意見表明権」のなかに愛着行動も入ることが確認された。［16頁など］

執筆担当一覧

木附千晶（きづき・ちあき）
1-1、1-2、1-3、1-4、1-5、2-4、3-4、5-1、5-2、5-3、5-4、5-5、1章コラム、3章コラム、巻末Q&A、
＊子ども・おとな・家族の総合相談「CAFIC（ケフィック）池袋カウンセリングルーム」主宰、CRC（子どもの権利条約）日本・代表、臨床心理士、公認心理師、文京学院大学非常勤講師

福田雅章（ふくだ・まさあき）
3-1、3-2、3-3、3-6、4-1、4-2、4-3、4-4
＊一橋大学名誉教授、弁護士、CRC（子どもの権利条約）日本・前代表

森本京介（もりもと・きょうすけ）
1-6、2-1、2-2、2-3、2-4、3-5、5-6、2章コラム、4章コラム、5章コラム
＊CRC（子どもの権利条約）日本・理事、「CAFIC（ケフィック）」専門相談員、「日本家族と子どもセラピスト学会」認定セラピスト

青木智子（あおき・ともこ）
5-7、6-1、6-2、6-3、6-4、3章コラム、4章コラム、6章コラム
＊平成国際大学教授、臨床心理士、公認心理師、1級キャリアコンサルタント技能士、「CAFIC（ケフィック）」専門相談員

梶原真弓（かじわら・まゆみ）
巻末「子どもと離婚について話すときのコツ」
＊臨床心理士、公認心理師、東京都公立学校スクールカウンセラー、埼玉県立大学非常勤講師、「CAFIC（ケフィック）」専属スタッフ

「子どもの権利条約」に基づいた
子どもが幸せになるための、別居・離婚・面会交流のすべて

2023年5月2日　第1刷発行　　2024年11月22日　第2刷発行

著　木附千晶、福田雅章
監修　CRC（子どもの権利条約）日本
協力　子ども・おとな・家族の総合相談「CAFIC（ケフィック）池袋カウンセリングルーム」

発行者　石井 悟
発行所　株式会社自由国民社
〒171-0033　東京都豊島区高田 3-10-11
TEL　03-6233-0781（営業部）
03-6233-0788（編集部）
FAX　03-6233-0791

装幀・本文デザイン　柏田幸子
本文DTP　有限会社中央制作社
編集協力　朝日明美
印刷　八光印刷株式会社
製本　新風製本株式会社

©Chiaki Kizuki, Masaaki Fukuda, Convention on the Rights of the Child Japan, Printed in Japan 2023
・落丁本、乱丁本はお取り替えいたします。
・本書の全部または一部の無断複製（コピー、スキャン、デジタル化等）・転訳載・引用を、著作権法上での例外を除き、禁じます。ウェブページ、ブログ、SNS等の電子メディアにおける無断転載等も同様です。これらの許諾については事前に小社までお問合せください。
・また、本書を代行業者等の第三者に依頼してスキャンやデジタル化することは、たとえ個人や家庭内での利用であっても一切認められませんのでご注意ください。